뉴미디어 시대,
콘텐츠를 읽다

뉴미디어 시대, 콘텐츠를 읽다

2022년 6월 21일 초판 1쇄 인쇄
2022년 6월 29일 초판 1쇄 발행

지은이 | 김세연
펴낸이 | 孫貞順
펴낸곳 | 도서출판 작가
       (03756) 서울 서대문구 북아현로6길 50
       전화 | 02)365-8111~2　팩스 | 02)365-8110
       이메일 | morebook@naver.com
       홈페이지 | www.cultura.co.kr
       등록번호 | 제13-630호(2000. 2. 9.)

편집 | 손희 양진호 설재원
디자인 | 오경은 박근영
영업 | 박영민
관리 | 이용승

ISBN 979-11-90566-40-7 (03800)

잘못된 책은 구입하신 서점에서 바꾸어 드립니다.

값 12,000원

뉴미디어 시대, 콘텐츠를 읽다

김세연

작가

프롤로그

    오늘날 대한민국은 전 세계가 선망하는 문화강국이 되었다. k-pop으로 촉발된 한류열풍은 이제 영화, 드라마, 웹툰, 게임, 공연 등 문화 전반에 걸쳐 범위를 확장하게 되었고, 해외에서는 한국 관광 비자를 받으려는 사람들이 줄을 잇는다는 소문이 들려온다. 이렇게 문화예술인들이 이룩해놓은 결과물들이 밝게 빛나는 와중에 『뉴미디어 시대, 콘텐츠를 읽다』를 출간하게 되었다.

    이 책에는 내가 2019년부터 2021년 사이 지면을 통해 발표했던 비평문들이 실려 있다. TV예능 프로와 드라마, 유튜브, 인터넷 문화, 소설 등을 '콘텐츠'라는 이름하에 한 궤로 엮었다. 글을 쓰는 동안 중요한 것과 덜 중요한 것의 위치를 바꿔보고, 언뜻 관련 없는 것처럼 보이는 사물들의 좌표를 연결하며 우리가 살아가고 있는 세계의 숨은 의미를 발견하고자 노력했다. 그 익숙하고 새로운 여정에 독자들이 함께해주기를 바란다.

책을 내는 데 도움을 주신 도서출판 〈작가〉 손정순 대표님과 에디터분들께 감사드린다. 유성호 선생님, 문태준 선생님께서 격려해주신 덕분에 여기 실린 비평문들을 쓸 수 있었다. 책 출간을 기뻐해주실 장영우 선생님, 이장욱 선생님께도 미리 감사의 말씀을 올린다. 무엇보다 항상 나의 활동을 지지해주는 가족들에게 고맙다. 다른 어떤 글을 쓸 때보다 콘텐츠 비평문을 끄적이고 있는 시간이 즐거웠다. 이 일을 하게 되어 다행스럽다.

2022년 초여름에

차례

프롤로그 • 6

1부

장래희망 싸이코패스 • 13

주작의 사회학 • 21

언택트 시대의 시선 권력 • 26

서울엔 우리집이 없을만하다고?: 〈서울엔 우리집이 없다〉 • 31

힐링 먹방의 새로운 패러다임: 〈더 먹고 가〉, 〈강호동의 밥심〉 • 36

K-드라마, 코리안 선비 스웩이 먹혔다 • 41

인도어 쇼핑, 모두의 쇼핑 • 46

윤여정이라는 캐릭터 • 51

랜선 학교, 코로나 그 이후…… • 56

뉴미디어 시대와 탈중심성 • 61

추락하는 일진에게는 날개가 없다 • 67

멋있거나 귀엽거나, 허니제이의 두 가지 매력: 2021 ICON 방송 부문 • 72

고령 사회의 섹슈얼리티와 비대칭성 • 77

뉴미디어 시대 속 '참교육' 콘텐츠와 현대인의 의식 구조 • 92

2부

중층적 현실, 주변성의 리얼리즘 • 117
– 장강명의 『산 자들』과 윤이형의 『작은마음동호회』를 중심으로

영혼의 도약을 위한 불안의 노래 • 134
– 정도상 『꽃잎처럼』을 중심으로

존재를 향한 두 가지 시선 • 146
– 정세랑의 『보건교사 안은영』과 백온유의 『유원』을 중심으로

1부

장래희망 싸이코패스

 연쇄살인사건에서 사람들이 주목하는 것은 범행 동기나 사건의 전말이 아니라 범인의 잔악성이다. 언론은 살해 방식과 시체의 훼손 정도를 묘사하며 살인마 이미지를 소비한다. '싸이코패스 연쇄살인마' 이야기는 꽤나 잘 팔리는 상품이기 때문이다. 그런 식의 보도가 반복될수록 싸이코패스라는 존재는 스테레오타입화 된다. 불가사의하고 이질적이며 공포스러운 극단의 타자. 그런데 재미있는 것은 이렇게도 아득하게 먼 존재인 싸이코패스가 대중매체 속에서는 하나의 코드로 자리 잡아 사람들에게 익숙해져간다는 것이다. 과거 〈추격자〉, 〈악마를 보았다〉 같은 19금 스릴러 영화에서나 볼 수 있던 연쇄살인마는 이제 공중파 멜로드라마와 예능프로그램에도 심심찮게 등장한다. 대중들에게 싸이코패스는 더 이상 낯선 존재가 아니다.

흥식이는 왜 고양이를 죽였나

드라마 〈동백꽃 필 무렵〉(이하 '동백꽃')은 두 축으로 나뉜다. 하나는 미혼모와 시골 순경의 로맨스고 다른 하나는 연쇄살인마 '까불이'에 대한 추격이다. 몇 년 전 이유를 알 수 없는 연쇄살인을 저지른 후 잠적했던 '까불이'는 호시탐탐 미혼모 '동백'(공효진 분)을 죽일 기회를 엿보면서 살인을 재개하려는 듯한 신호를 보내 마을을 긴장하게 만든다. 드라마 말미에 밝혀지는 까불이의 정체는 말이 없고 고양이를 좋아하는 철물점 직원 '흥식'(이규성 분)이다.

흥식은 잔돈을 받아가지 않은 술집 여자, 그가 지나간 자리를 걸레로 닦아내는 부녀회장, '저 아저씨가 뭘 알겠어'라며 이죽거리는 초등학생, 우산을 빌려준 일을 추파로 착각하는 미혼모를 차례로 죽인다. '뭣도 아닌 것들이 까불었기 때문'이다. 범행 동기를 듣고 나서 시청자들은 양가감정에 빠진다. 흥식의 악행은 분명 열등감과 피해의식의 소산이다. 그러나 조금은 안쓰러운 마음도 든다. "철물점 흥식이라니, 왜 자꾸 똥파리만 꼬여!" 호의를 경멸로 갚는 이웃 주민의 목소리를 우리는 들었으니까.

그러나 다음 장면을 보자. 흥식은 남몰래 적개심을 품어왔던 동백에게 이렇게 말한다. "왜 나한테 서비스 줘요. 동네에서 제일 불쌍한 동백이보다도 내가 더 불쌍하니까? 사람 쉽게 동정하지 마요. 아무나 그러는 거 아니잖아요." 여기서 포인트는 누군가 자신을 동정했다는 사실이 아니라, 자신에게 호의를 베푼 사람이 '동네에서 제일 불쌍한' 여자였다는 데 있다. 흥식은 자기보다 약하다고 믿는 사람이 우위를 점하는 듯한 상황이 불쾌했던 것이다.

흥식은 '무시당해서' 죽인 게 아니다. '무시할 수 있는 사람'을 죽인 거다. 흥식의 뒤를 캐고 다니는 순경 용식이나 오만방자하게 '까불고' 다니는 노규태 사장 등이 언제나 안전선 안에 있었다는 점은 이를 뒷받침한다. 흥식에게 연쇄살인이란 서열정리와 다를 바 없는 일이다. 흥식 아빠는 어린 흥식이 고양이를 잡아다 죽이는 버릇을 가지고 있었다고 진술한다. 고양이가 쥐를 잡는 이유에 대해 들어본 적 있을 것이다. 잡아먹거나 가지고 놀거나. 무엇이든 간에 그것은 약육강식의 본능이다.

'사회악'과 '스타' 사이

추리예능 〈범인은 바로 너! 시즌2〉(이하 '범바너')는 처음부터 '범행동기'를 배제한 채로 판이 짜여 있다. 7명의 탐정들이 힘을 합쳐 '꽃의 살인마'라는 이름의 연쇄살인마를 수사하는데, 싸이코패스라는 인격 장애를 다룬다기보다는 단순히 범인을 찾아가는 여정을 담고 있는 프로그램이다. '추리'예능이라는 장르가 무색하게 범행에 대한 논리적인 추론이나 정교한 트릭은 약한 편이다. 탐정단은 퍼즐을 맞추는 등 주어진 과제를 해결함으로써 범인에게 가까워진다. '꽃의 살인마는 비범한 인물이며 그를 이길 수는 없다'는 전제 하에 포맷은 단순화된다. 애초에 범인은 줄다리기가 불가능한 존재이기 때문이다.

추리물에서 연쇄살인마가 미화되는 경우는 흔하지만, 〈범바너〉는 그중에서도 노골적인 축에 속한다. 꽃말을 메시지로 사용하는 꽃의 살인마는 예술적인 감수성을 지니고 있는데, 수사관이 그의 범행에 대해 '미학적으로 완성되어 있다'고 칭찬할 정도다. 'killosophy'라는 추종 집단도 등장한다. 그 집단의 회원들은 '아름답고 예술적인 살인'을 간접 체험하는 극을 벌이고 범죄자를 모방한다. 결말부에서는 정체를 드러낸 꽃의 살인마가 눈앞에서 탐정단을 조롱하고 현장을 유유히 빠져나간다.

싸이코패스라 해도 범행을 저지르는 이유에 대한 자신만의 논리가 있기 마련인데, 〈범바너〉 제작진은 그런 당위성을 제시할 필요조차 없다고 판단한 것 같다. 꽃의 살인마가 살인하는 이유는 단지 그럴만한 능력을 지닌 사람이기 때문이다. 재미있다는 듯 웃는 범인과 절규하는 탐정단이 대비되는 결말에 시청자들은 의문을 품지 않는다. 마지막에 밝혀낸 사실은 범인을 쫓던 '김민재' 경사 역시 알고 보면 꽃의 살인마의 열렬한 팬이었다는 것. 범인은 때려잡아야할 '사회악'인 동시에 '동경의 대상'이라는 이중적인 지위를 갖고 있다.

장래희망은 싸이코패스

〈동백꽃〉과 〈범바너〉가 무의식적으로 약육강식의 구도를 반영하고 있다면, 드라마 〈싸이코패스 다이어리〉(이하 '싸패다')는 이를 적극적으로 형상화하고 비판하는 쪽에 가깝다. 조금만 눈여겨보면 극중에 등장하는 크고 작은 소재들이 사회적 함의를 담고 있다는 점을 알 수 있다. 〈싸패다〉에서 싸이코패스는 단순한 강자의 지위를 넘어 '자본주의적 폭력'으로 비약한다. 중심인물들의 피 튀는 접전이 이루어지는 공간이 '증권회사'라는 점은 이를 상징적으로 드러낸다.

〈싸패다〉는 사고로 기억상실증에 걸린 '육동식'(윤시윤 분)이 우연히 살인과정이 기록된 다이어리를 주운 뒤 자신을 싸이코패스 연쇄살인마라고 착각하며 벌어지는 이야기를 담고 있다. 육동식은 공연히 상사의 화풀이 대상이 되고 동료의 귀찮은 부탁을 거절하지 못하며 남의 과실을 떠안고 회사에서 쫓겨날 위기에 처하기까지 하는, 그야말로 '호구'다. 그런 그가 싸이코패스가 된다는 것은 '신분상승'에 가까운 일이다.

(가짜) 싸이코패스가 된 후 육동식은 자신을 괴롭히던 팀장을 변기 뚜껑으로 위협하고 아버지를 겁박하는 조폭을 거친 언동으로 제압한다. 윗집에 사는 문신 형님은 육동식에게 고개를 조아리며 굴종하는 자세를 취한다. 육동식은 거울을 보며 읊조린다. "난 찌질한 게 아니라 찌질한 척 했던 거다. 역시 난 싸이코패스였어." 사회는 그동안 육동식의 착한 성정과 배려심을 '찌질함'으로 여겨왔던 것이다. 육동식은 연쇄살인의 기록을 읽고 나서 죄책감이나 두려움에 시달리는 것이 아니라, 마치 초능력을 얻은 사람처럼 의기양양해진다.

그러면 진짜 싸이코패스 '서인우'(박성훈 분)는 어떤 존재인가. 그는 대한증권의 젊고 유능한 이사이자 대기업 회장의 장남으로 자본주의 체제의 최상층에 자리한 인물이다. 다만 사생아라는 신분이 회사를 장악하는 데 유일한 걸림돌이 되는데, 그의 저지당한 포식성은 음지로 뻗어나가 약자들을 죽이는 일로 이어진다. 서인우는 노숙자, 외국인 노동자, 기초생활수급자, 고시생 같은 사람들을 '버러지'라는 단어로 표현하며, 자신의 범행을 자연 생태계에서 일어나는 '포식 행위' 쯤으로 여긴다.

자본주의 사회에서 이러한 '포식 행위'는 세련되게 감추어진다. 서인우는 죽음을 앞둔 사람들에게 자필 유서를 쓰도록 강요하고 피의 지장을 찍게 한다. 이는 타살을 자살로 위장하도록 돕는 수단이다. 드라마에서 범인이 '피지문'을 수집하는 행위는 싸이코패스의 변태적인 취미 정도로 설명되지만, 한편으로 이것은 사회적 타살을 개인의 책임으로 돌리는 사회에 대한 은유로도 해석이 가능하다. 죽은 고시생의 어머니는 아들이 자살하지 않았다는 사실을 알고 있음에도 불구하고 '죽을만했다'고 말하는 사람들 탓에 부검을 포기한다. 현대사회는 경쟁에서 도태된 이들을 '죽을만한', 혹은 '죽어도 되는' 사람으로 규정해버리는 것이다.

'Mr.육(肉)공화국'이라는 식당의 간판은 인상적이다. 남성을 뜻하는 'Mr'와 포식동물의 이미지 '肉'이 합쳐진 데다 군사 정권의 마지막 체제인 '6공화국'을 떠올리게 하는 중의적 표현까지 겹쳐져 있다. 과연 '강한 남자'의 세계다. 사실상 싸이코패스는 자본주의 경쟁체제에서 살아남기에 최적화된 유형의 인간이라고 할 수 있다. 극단적 개인주의와 목표를 향한 공격적인 집중력, 수단을 가리지 않는 무자비함. 현대사회는 사람들로 하여금 싸이코패스가 될 것을 암묵적으로 권장한다. 죄책감이나 타인에 대한 동정심 등은 거추장스러울 따름이다.[1]

손에 피를 묻히지 않은 싸이코패스들은 얼마든지 많다. 외국인 노동자의 시체를 유기하는 공장 사장, 자신의 안위를 위해 후배를 모함하는 팀장, 동급생을 괴롭히는 고등학생 일진…. 드라마는 어쩌면

---

[1] 신동준, 「현대 사회의 괴물, 사이코패스 이해하기 개념의 문제점과 이론적 위험성, 그리고 사회학적 함의」, 『현상과인식』 35(1/2), 한국인문사회과학회, 2011, 166쪽.

우리 모두 한 구석에 싸이코패스를 품은 채로 살아가고 있는지도 모른다고 말한다. 육동식을 몰카범으로 몰아가려는 흉계에 가담한 '미주'(이민지 분)의 복잡한 얼굴을 보라. 지금 흔들리고 있는가. 현대사회에서 싸이코패스는 더 이상 불가해한 변종이 아니다. 욕망의 민낯을 바라보자. 공포의 심연에 동경의 속살이 자리하고 있지 않은가. 우리의 장래희망은 싸이코패스가 아닌가 말이다.

주작의 사회학

　인터넷에 익숙한 세대라면 '주작'이라는 말을 알 것이다. '실제로 있지 않은 상황을 꾸며내는 일'을 뜻하는 이 단어는 주로 인터넷에서 남들의 관심을 끌기 위해 거짓 글을 쓰거나 자극적으로 연출된 영상을 만드는 것을 포함한다. 국어사전에도 등재되어 있는 것을 보면 표준어인가 싶지만, 사실 이 용어는 게임계에서 유래했다. 2010년 '스타크래프트 승부조작 사건'에 연루되어 프로게이머 생활을 정리했던 마재윤이 1인 방송을 시작한 것이 그 발단인데, 방송을 보러 온 사람들이 채팅창을 '조작'이라는 단어로 도배하자 이를 금지 키워드로 설정한 것이다. 하지만 네티즌들은 '조작'을 '주작'으로 변형해 여전히 그를 조롱하는 데 열을 올렸다. 그 후 '주작'이라는 단어가 널리 쓰이게 된 것이다. 그런데 공교롭게도 고어(古語) 중에 같은 음과 뜻을 지닌 단어가 있어 그와도 의미가 통하게 되었다는 것이 후기다.

주작 논란을 빼고 유튜브 문화를 이야기 할 수 있을까. 음식을 몰래 뱉어버리는 먹방 BJ, 동물을 학대하는 유기묘 보호사, 병증을 과장하는 틱 장애인 등. 인기 유튜버의 '주작질'이 밝혀지면서 하루아침에 구독자 수가 폭락하는 모습을 찾아보기는 어렵지 않다. 조회수를 높이기 위해 만든 자극적인 영상이 파멸의 씨앗이 되는 경우는 비일비재하다. 이런 상황이다 보니 거짓말 폭로를 주요 콘텐츠로 하는 채널도 생겨났다. 주작 감별사를 자처하는 채널 '정배우'는 최근 백만 유튜버 '송대익'을 저격하며 큰 파장을 일으키기도 했다. 치킨 피자 배달원의 무단취식을 주장해 시청자들의 분노를 끌어냈던 송대익의 영상이 사실은 조작이었다는 점을 밝혀낸 것. 송대익 측은 뒤늦게 사과 영상을 게시했지만 이미 실망한 구독자들의 마음을 돌릴 길이 없어 보인다.

거짓 방송의 역사는 유구하다. 80년대에는 '유리겔라'라는 이름의 이스라엘 초능력자가 KBS에 출연해 세간을 떠들썩하게 한 사건이 있었다. 당시 전국의 청소년들이 손으로 숟가락을 구부리는 초능력을 따라하는 바람에 각 가정의 숟가락이 남아나지 않았다는 이야기는 즐거운 추억처럼 회자된다. 과거 화제가 되었던 방송에 대해 '사실은 작가가 시켰다'며 후일담을 늘어놓는 90년대 스타들, 특별한 사연을 지닌 일반인 출연자인줄 알았는데 알고 보니 연예인 지망생이었던 경우는 흔하다. 그뿐인가. 따지고 보면 예능 토크쇼에 등장하는 연예인들의 재미난 에피소드도 전부 진실이라고 보기는 어렵다. 재미를 위해 과장과 윤색을 거치고, 때로는 남의 이야기를 자신의 것처럼 꾸미거나 아예 지어내는 경우도 있기 때문이다. 대개 거짓이 드러나더라도 도덕적 지탄을 받지는 않는다. 그 정도 거짓말은 방송의 재미를 위한 일종의 '조미료(MSG)'로 이해되기 때문이다.

어떤 거짓말은 이해받고, 어떤 거짓말은 지탄의 대상이 된다. 그 차이는 어디서 발생하는가. 첫 번째로는 남에게 피해를 주는지 여부다. 예컨대 유튜버 송대익은 해당 치킨 피자 브랜드 이미지에 타격을 입히고 배달원에 대한 사회적 인식에 부정적인 영향을 줄 수 있는 행위를 했다. 두 번째로는 발화자의 평판이다. 아이러니하게도 평판 관리가 잘 되어 있는 사람일수록 더 큰 데미지를 입는다. 평소 반듯하고 정직한 이미지로 방송해온 사람이 신뢰를 깨는 행동을 할 때 더 크게 실망하는 법이다. 깔끔한 매너와 성실함으로 인기를 누려왔던 먹방 BJ '밴쯔'가 시청자들의 외면을 받았던 이유도 거기에 있다. 음식을 몰래 버리는 등 비교적 작은 잘못에도 팬들이 분노한 것은 그만큼 그에 대한 신뢰가 두터웠기 때문이라고 볼 수 있다.

잠깐 개인적인 이야기를 해보면 필자 역시 윤색의 허용 범위에 대해 고민할 때가 있다. 글쓰기 기초 수업을 진행할 때인데, 학생들이 제출한 글을 읽어보면 전하고자 하는 메시지와 안에 들어가는 내용이 어울리지 않아 어색하게 느껴지는 경우가 많다. 예를 들어 앞에서는 친구와 싸워서 기분이 나빴다는 이야기를 하고 있는데, 뒤에서는 고통을 이겨내고 성장해야 한다는 말을 하는 것이다. 그러면 나는 에피소드를 바꿔보라거나 본인이 느꼈던 감정을 다른 식으로 서술해보라는 식의 조언을 하게 되는데, 그러고 나서 수정본을 보면 애초의 경험들이 조금씩 왜곡되어 있다. 지어내서 썼다고는 할 수 없지만 정해진 틀에 자신의 경험을 욱여넣는 것 또한 진실에서 멀어지는 행위가 아닌가 싶은 생각이 드는 것이다.

댄 애리얼리에 의하면 사람들은 부정행위를 해서라도 이득을 얻으려 하는 이기적 욕구와 남들에게 좋은 사람으로 보이고자 하는 도덕 개념을 동시에 가지고 있다. 마치 다이어트를 위해 식단 조절을 하듯 이 둘 사이의 균형을 잡으면서 살아가는 것이다. 불법 다운로더나 회사 비품을 집에서 사용하는 직장인, 짝퉁 상품의 소비자처럼 많은 이들은 자신이 그런대로 괜찮은 사람이라고 믿으면서 또 어느 정도의 거짓말은 괜찮다고 스스로를 합리화한다.[1]

주작을 일삼는 유튜버라고 해서 모두 처음부터 거짓말쟁이였던 것은 아닐 것이다. 정직하게 방송을 하다가도 한 번 얻은 인기와 관

---

1 댄 애리얼리, 『거짓말하는 착한 사람들』, 이경식 역, 청림출판, 2012, 297쪽.

심을 유지하려는 욕심이 점점 커지면서 주작의 유혹에 빠지게 되는 듯하다. 사소한 동기로 시작한 거짓말은 조금씩 이기심과 도덕성의 균형을 무너뜨린다. 하지만 이는 결과적으로 자기 살을 깎아먹는 행위에 가깝다. 거짓 방송의 난립은 개인 뿐 아니라 영상 콘텐츠 전반에 대한 신뢰도 하락으로 이어질 수 있기 때문이다. 그리고 그것은 사회 전반의 불신을 키워 건강하게 소통하는 사람들의 세계를 교란시킨다.

보통 주작 논란에 휩싸인 유튜버를 향한 비난이 최고조에 달하는 시점은 사과 방송 이후다. 사과에 진심이 느껴지지 않는다는 이유에서인데, 어떻게 하면 상황을 신속히 무마할 수 있을지 궁리하는 머릿속이 네티즌에게도 보이는 모양이다. 거짓으로 거짓을 덮는 것은 피로 피를 씻는 것. 가장 좋은 전략은 진심을 보여주는 것이 아닐까. 진정성의 레토릭이 필요한 때다.

언택트 시대의 시선 권력

코로나19 바이러스로 인한 언택트 시대의 개막은 우리에게 많은 혼란을 가져왔다. 그 혼란의 풍경을 보여주는 장소 중 하나는 학교다. 고위험군으로 분류되는 학교 시설의 폐쇄는 온라인 수업에 무방비 상태인 교수자와 학생을 난관으로 몰아넣었다. 준비 없이 맞이한 비대면 체제에 관계자들 모두 진땀을 흘리는 채로 반년이 지나갔다. 온라인 강의는 크게 두 가지 형태가 있다. 화상회의 프로그램을 이용한 '실시간 강의'와 미리 촬영한 영상을 공유하는 '녹화 강의'다. 실시간 강의는 참여자들끼리의 쌍방향적 의사소통이 가능하며 학습자의 규칙적인 생활을 돕는다는 장점이 있다. 그러나 통신 상태에 따라 버퍼링이나 잡음이 생기는 문제가 존재한다. 반면 녹화 강의는 시간 제약에서 자유롭다는 게 큰 장점이다. 학생들은 원하는 시간에 수업을 들을 수 있고, 필요하면 중간에 멈추거나 다시보기를 할 수도 있다. 다만 강제성이 부족해 밀린 강의를 한 번에 몰아서 듣게 된다는 점은 아쉽다.

주로 사건 사고가 일어나는 쪽은 '실시간 강의'다. 프로그램 조작에 익숙지 않은 사용자들의 실수가 생중계 되어 지난 상반기 인터넷이 떠들썩했던 일을 기억하는 사람은 많을 것이다. 수강생들을 대기실에 둔 채 혼자 강의하셨다는 교수님, 방송 중에 난입해 '당신 그거 언제 끝나느냐'고 물었다는 사모님, 카메라 앞에서 옷을 벗거나 마이크에 대고 교수 뒷담화를 한 학생의 모습은 코로나 시대의 진풍경을 연출했다. 온라인 강의에 꽤 익숙해진 지금도 학교 커뮤니티에는 수업을 둘러싼 실수담이 꾸준히 올라온다. 예를 들면 "카메라 켜진 줄 모르고 코 팠는데 지금 휴학 신청 가능한가요?"라든가…….

흥미로운 것은 '캠(cam)'과 관련된 부분이다. 보통 실시간 강의에서는 학습자료(PPT)와 교수자 화면이 중심이 되고, 필요에 따라 학생 얼굴도 노출할 수 있다. 발표 토론을 하거나 수강생들의 표정이 궁금할 때 교수자는 카메라를 켤 것을 요구한다. 이는 비대면 강의를 하면서도 대면 강의 때와 비슷한 효과를 내기 위한 것인데, 화상회의 프로그램의 최대 장점인 소통 기능을 충분히 활용하자는 취지다. 교수자는 수강생의 반응을 살피면서 설명을 보충하거나 생략할 부분을 파악할 수 있고, 또 수업 중에 학생들이 딴짓하는 것을 방지할 수도 있다. 실제로 꺼진 카메라 뒤에서 잠을 자거나 식사를 하는 학생이 많다고 하니, 어느 정도 효과는 보장된 셈이다.

그런데 많은 학생들이 자기 얼굴을 드러내는 것을 부담스러워하기 때문에 이 부분은 잦은 논란거리가 된다. 카메라가 켜져 있으면 마냥 편한 상태로 수업을 들을 수 없을뿐더러, 뜻하지 않게 개인공간이 노출되는 문제도 있기 때문이다. 프라이빗하고 쾌적한 공간을 가진 사람은 덜 하겠지만, 가족들이 지나다니는 좁은 거실을 공개해야 하는 경우라면 난처하기 이를 데 없다. 때문에 대학생들에게는 '캠을 켜는지' 여부가 수강 신청의 중요한 기준이 되기도 한다. 원치 않는 형태의 수업을 듣게 되어 '왜 이렇게 교수들은 캠에 집착하느냐'며 툴툴거리는 학생도 있다.

그런데 개인적으로는 캠을 켜는 문제에 조금 미묘한 부분이 작동하는 듯하다. 최근에 들은 일화를 소개하자면, 모 대학에서 온라인 강의 중 한 남학생이 여자 교수의 외모를 칭찬한 일이 있었다고 한다. 전체공개 채팅으로 "교수님 너무 예쁘게 생겼습니다. 메이크업은 되게 투명하고 밝아요. 미인이신가 봅니다."라고 했다는 것이다. 이공계열의 교양 강의였고 오리엔테이션 중이었기 때문에 물론 수업 내용과는 전혀 상관없는 발언이었다. 이 사건은 대학가 사람들에게 큰 충격으로 다가왔는데, 이전에는 학생이 교수 외모를 공개적으로 품평했다는 이야기를 누구도 들어본 적이 없었기 때문이다.

'쌤, 예뻐요!'하던 고교시절의 정서가 남아있었다손 치더라도, 단순한 친근감의 표현이 아니라 자신이 지각한 바를 매우 '구체적'으로 언술하고 있다는 점에서 그것은 놀라운 구석이 있었다. '성인지 감수성'의 향상으로 인해 외모에 대한 언급이 조심스러워진 사회 분위기는 차치하더라도, 통념상 교수는 학생의 '윗사람'으로 여겨지지 않는가. 점수를 매기고 호오(好惡)를 구분하는 자격은 항상 권력의 주체에게 주어지며, 그로부터 평가당하는 것은 피주체의 몫이다. 그렇기 때문에 비록 학생이 교수를 '칭찬'했다 하더라도, 그 행위 자체가 무례한 것으로 비치는 것이다. 남학생의 '개념 없음'을 힐난하는 선에서 사건은 일단락된 듯하지만, 사실 이 문제에는 시선의 지배관계를 규명하는 현대철학의 중요한 명제가 숨어들어 있다고 생각된다. 미셸 푸코(1926~1984)에 의하면 '보는' 행위는 '지배하는' 행위이다. 시선의 주체는 가려진 채 시선을 받는 대상만 노출되는 판옵티콘의 구조에서 알 수 있듯이, 시선은 그 존재만으로도 훈육과 교정의 힘을 발휘한다.

누군가 나를 바라볼 때 나는 주체가 아닌 객체로 전락하며 대상화된다. 시선은 단순한 눈길이 아니라 그 자체로 상대방에 대한 냉혹한 평가이다. 시선에서 불쾌감을 느끼는 것은 상대방이 나를 왜곡하거나 부당하게 평가해서만이 아니다. 냉정한 객관성 자체가 우리를 수치스럽게 만들기 때문이다. 강의실 안에서 교수 눈에 '보이는' 자기 모습을 검열하던 학생들은 이제 카메라 뒤에서 교수를 '본다'. 뜬금 없이 교수의 외모를 칭찬했다는 학생도 이러한 권력 관계의 전복을 무의식중에 감지한 것이라 판단된다. 아마 대면 강의 때라면 그러지 못했을 것이다. 올해 들어 유난히 교강사 강의력 논란이 잦은 것 또한 이와 같은 맥락에 있다고 본다. 강의 방식의 변화로 인해 실제 수업의 질이 떨어진 측면도 있지만, 프레임 밖의 시선 권력이 강해진 탓도 있다. 수강생 캠을 켜게 되면 권력은 다시 교수자 쪽으로 넘어온다. '교수들이 캠에 집착' 하는 이유에는 시선의 헤게모니를 빼앗기고 싶지 않은 심리도 포함되어있을 것이다. 덧붙이면 온라인 강의에는 교수자와 학생 뿐 아니라 가상인물의 시선이 끼어든다. 녹화된 강의가 외부로 유출될 위험을 참여자들이 의식하기 때문이다. 교수는 평소에 하던 농담을 삼가고, 학생은 강의 시작 전 몸단장을 한다. 서로에게 잘 보이기 위한 일이 아니다. 이런 측면에서 볼 때 온라인 수업은 양가적이다. 강의실 내 민주화라는 의외의 소득을 가져올 수도 있고, 수업을 경직되게 만드는 독이 될 수도 있다. 아직은 줄다리기 중인 듯하다.

서울엔 우리집이 없을만하다고?
: 〈서울엔 우리집이 없다〉

　자취생이라면 공감할만한 부동산 공식이 있다. ①깨끗하고 넓은 집=비싸다. ②깨끗하고 저렴한 집=좁다. ③저렴하고 넓은 집=곰팡이가 있다. ④깨끗하고 넓고 저렴한 집? 허위매물이다. 서울 생활 11년 차. 다양한 주거 환경을 경험해봤다. 세탁기가 신발장 옆에 있는 요상한 구조의 원룸부터 아침마다 건물 부수는 소리가 잠을 깨우던 재개발 지역 주택까지. 이사를 여덟 번 다니는 동안 깨달은 사실이 있다. 세상에는 수많은 구조의 집이 있지만 내가 택할 수 있는 것은 단 둘, '비싼 집'과 '가성비가 좋아 보이지만 막상 살아보면 별로인 집' 뿐이라는 것을.
　이런 나의 눈길을 사로잡는 예능프로가 있었으니 이름하여 〈서울엔 우리집이 없다〉. 서울에서 벗어나 다른 지역에 보금자리를 마련한 사람들의 모습을 보여주는 프로그램이다. 자취방 월세 계약 만료를 앞두고 '꼭 서울에 붙어있어야만 하는가'하는 근본적인 의문이 머릿속을 비집고 들던 찰나. 이 프로그램이 대안적인 삶으로 향하는 새로운 선택지를 제시해주지 않을까 하는 기대가 든다. 이수근, 송은이, 정상훈 등 실제로 서울에 집이 없어 타지역에 거주하거나, 자주 이사 다니는 처지에 있는 연예인들이 MC로 섭외된 것도 신뢰감을 높이는 데 한몫 한다.

그런데 어쩐지 방문한 집이 예사롭지 않다. 시작부터 1,200평 마당과 소극장을 갖춘 전원주택이 나오는가하면(1회 '1,200평 마당 품은 뮤지션 하우스'), 영화 〈기생충〉에서 본 듯한 통유리창의 대저택이 등장한다. 차고 문이 열리면 나타나는 비밀 아지트에는 넓은 탁구장과 PC방, 미니 스낵바가 마련되어 있다.(3회 '방탄차와 전세기를 타는 오늘의 집주인') 여수의 오션뷰 하우스에서 이수근은 프라이빗 영화관과 핀란드식 사우나를 즐기며 "여러분, 서울엔 우리집이 없을만하잖아요?"라고 말한다.(3회 '우리집엔 오션 뷰 사우나가 있다')

과연 그러하다. 아름다운 자연 경관과 머릿속 로망을 그대로 구현해 놓은 듯한 집 구조를 둘러보면 당장이라도 탈 서울하고픈 욕망이 샘솟는다. 그런데 집주인들의 사연을 들어보면 그리 간단한 일이 아닌 듯하다. 한때 주경야독하는 고학생이었던 파주 집주인은 변호

사로 성공해 연봉 200억 수입을 거둬들이다가, 건강 이상 신호를 감지하고 고향에서 휴식 중이다. 신혼초 단칸방을 전전하던 부산 집주인은 고생 끝에 사업에 성공한 후, 해운대 아파트에 거주하다가 전원주택으로 옮겼다. 자세한 사정은 모르지만 여수 집주인 역시 젊은 시절 고생한 대가로 바닷가에서 '힐링' 중이라고 한다.

'쉴 자격이 충분'하다는 자막에서 알 수 있듯이, 프로그램은 집을 장거리 경주 끝에 주어지는 메달과도 같은 것으로 취급한다. 성공서사는 이들에게 안락한 집, 화목한 가정, 풍성한 저녁 만찬을 누릴 수 있는 자격을 부여한다. MC들의 입에서는 "역시 돈이구나, 돈이 짱이다!" 같은 부러움 섞인 감탄이 세어 나온다. '서울엔 우리집이 없다'라는 제목에 스며있는 결핍감은 낯선 것이 된다. 이쯤 되면 프로그램 명을 '우리집 자랑하기'로 바꿔야 하지 않을까. 서울에는 없지만 어딘가에는 있을 우리의 집을 보여주는 줄 알았는데, 깨닫게 되는 것은 여기나 저기나 내 집이 없다는 사실 뿐이다.

'잊고 있었던 집의 본질을 되새겨 본다'는 기획 의도는 의외의 순간에 관철된다. 횡성의 신혼부부는 일 년째 자신들이 살 집을 짓는 중이다.(2화 '부부가 직접 지은 해발 420m 뷰 맛집') '집을 짓는 것은 아이를 낳는 것과도 같다'는 남편의 집 철학에 따라 공사를 시작했지만, 임시거처에서 생활하는 기간이 길어지면서 아내는 점점 지쳐간다. 처음에는 야전침대 생활도 행복했지만, 지금은 '사랑이 잠시 멈춘 상태'라고 말한다. 남편이 공수해온 수입산 타일과 원목보다 중요한 것은 깔끔하고 춥지 않은 욕실이다. 보통 '집방'에서 부각되는 것은 전원주택의 고풍스럽고 화려한 인테리어이지만, 대부분 사람들에게 우선적으로 고려되는 것은 편리성과 합리성이다.

세종시 부부는 자녀들을 위해 대성당처럼 높은 천장과 풍욕장이 있는 집을 짓는다.(1회'출퇴근 5시간도 OK! 효율甲 스마트 하우스') 왕복 5시간 거리에 직장이 있는 남편은 새벽 5시에 기상한다. 힘들기는 하지만 '매일 운동처럼 다녀서 그런지 건강이 더 좋아졌다'는 남편의 말은 쉽게 공감할 수 없다. 남편의 근면함은 존경스럽지만 나는 불가능하기 때문이다. 집은 그 자체로도 중요하지만, 한편으로 그 바깥에서의 삶을 위한 것이기도 하다. 원활한 사회생활을 위한 준비공간이 되어야할 집이 통근 문제로 진을 빼놓는다면 비합리적이지 않은가. 곧 죽어도 서울을 못 벗어나는 이유를 다시 한 번 깨닫는다.

물론 〈서울엔 우리집이 없다〉가 주택공급을 위한 현실적인 대안을 마련해주는 프로그램은 아니다. 그러나 직장은 밀집하고 주택은 부족한 서울에서 버티고 있는 청년으로서 어느 정도 맥 빠지는 내용인 것도 사실이다. 앞서 〈구해줘 홈즈〉(MBC)가 처음에는 사회초년생이나 소액으로 집을 구하는 사람들을 위한 매물을 소개하다가, 점점 전원주택 인테리어 감상하는 프로그램으로 변질된 것처럼 말이다. 만연하는 '집방' 속에서 롱런하기 위해서는 좀더 본질적인 차원에서의 접근이 필요하지 않을까 싶다.

  미국의 경제학자 헨리 조지는 『진보와 빈곤』에서 이렇게 말한다. "그 필요가 절대적인 것일 때, 가령 토지를 사용하지 못해 굶어죽을 수밖에 없다면 토지의 소유는 곧 절대적인 강도로 인간을 소유하는 것이 되어버린다."[1] 임차인은 노예와 같이 종속된 삶을 살 수밖에 없다는 것이다. 인간이 자유롭기 위해서는 우선 보호받아야 한다. 그런 의미에서 집은 거주하는 곳일 뿐 아니라 자유를 향하는 곳이다.[2] 우리는 과연 서울로부터 자유로워질 수 있을까.

---

1 헨리 조지, 『진보와 빈곤』, 이종인 역, 현대지성, 361쪽.
2 손세관, 『집의 시대-시대를 빛낸 집합주택』, 집, 2019, 474쪽.

힐링 먹방의 새로운 패러다임:
〈더 먹고가〉, 〈강호동의 밥심〉

프랑스의 저명한 사회학자이자 구조주의 인류학자인 레비스트로스는 음식 문화를 해독함으로써 민족 정체성을 규정하려 했다. 저작 『날것과 익힌 것』을 통해 제시한 '요리 삼각형'은 음식을 만드는 일

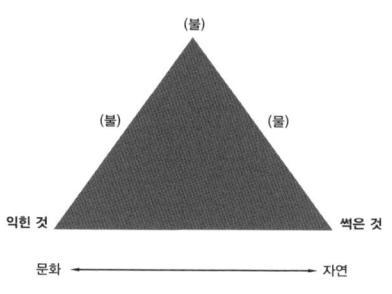

이 지극히 인간적인 행위임을 보여준다. 날것과 익힌 것의 대립은 자연과 문화의 대립을 의미하기 때문이다. 자연 그대로의 재료는(날것) 시간이 흘러 부패하기도 하지만(썩은 것), 불로 요리하면 음식이 되기도 한다(익힌 것). 다시 말해 썩은 것은 날 것의 자연적인 변형이고, 익

힌 것은 문화적인 변형이다. 인간이 동물과 다른 점을 설명하기 위해 주목해야할 가장 중요한 항목이 음식이라 해도 과언이 아니다.

보릿고개 이후 요즘같이 밥 걱정을 많이 하는 날이 있었을까. 아닌 게 아니라 필자는 삼시세끼를 챙기는 게 이렇게 고된 일인지 최근에 알았다. 코로나19 바이러스에 의한 재택근무로 혼자 식사를 해결해야 하는 날이 많아졌기 때문이다. 주로 쌀밥과 간단한 반찬을 만들어 먹는데, 생존요리라 할 수 있다. 메뉴 선정이 특히나 어렵다. 배달 음식으로 인한 지출도 늘었다. 돈도 돈이지만 일회용기 사용이 슬슬 걱정된다. 내 몸에 해로운 환경호르몬도 문제지만 자연에도 미안하다. 지구상에 이상한 역병이 도는 것도 그동안 우리가 환경에 지나치게 무심했기 때문이 아닐까. 전에 없던 죄책감을 느낀다.

이 와중에 강호동이 '밥'을 주제로 새로운 프로그램을 시작했다. 한때 '강한 진행'의 대표 주자였던 그가 스타일 변신을 시도해 좀 더 편안하고 인간적인 방송을 추구하게 되면서 자신에게 맞는 새로운 예능 장르를 찾은 듯하다. 이름하여 '힐링 먹방'이다. 신인 가수들에게 장기자랑을 시키고 게임을 진행하던 강호동은 이제 요리하고 먹이고 위로한다. 출연자와 시청자들의 허기진 마음을 채워주는 의외의(?) 소통력은 〈한끼줍쇼〉(JTBC)를 비롯한 몇몇 프로그램에서 이미 발휘된 바 있는데, 이번에는 〈더 먹고 가〉(MBN), 〈강호동의 밥심〉(SBS Plus)으로 돌아왔다.

식사와 토크라는 중복된 소재를 어떻게 변주했을까. 우선 〈한끼 줍쇼〉와 두 프로그램이 결정적으로 다른 점은 더 이상 남의 집을 찾아다니지 않는다는 것이다. 방역수칙 준수에 따른 어쩔 수 없는 조치이기도 하겠지만, 최근의 정서가 반영된 기획인 것으로도 보인다. 바이브컴퍼니 생활변화관측소 소장 박현영에 따르면 코로나 이후 사람들은 스스로를 성찰하는 시간이 늘었다고 한다. 남의 삶을 엿보고 부러워하거나 자신을 남에게 과시하기보다 내면에 천착해 내가 어떤 사람인지, 무엇을 잘하고 좋아하는 사람인지 돌아보는 시간. 잠시 멈춤을 계기로 나의 우울과 상처를 발견하고 치유하는 시간을 가진다는 것이다.

그런 의미에서 〈더 먹고 가〉는 요즘 시류에 꽤나 어울리는 프로그램이다. '밥을 요리하고, 사람을 요리하고, 인생을 요리한다'는 기획 의도를 갖고 있는 이 프로그램은 게스트의 성향, 현재의 고민과 앞으로의 계획 등 한 사람에 대한 총체적인 고려를 통해 '칭찬 밥상'을 차려내는 것이 주요 포인트다. 자연요리연구가 임지호 셰프는 육아에 지친 박정아를 위해 '한우 업진살 토마토 밥'을 짓고, 도시 생활에 익숙하면서도 토속적인 어머니의 맛을 그리워하는 허재를 위해 '토종닭 완자밥 구이'를 만든다. 세상에 단 하나 뿐이라 생경한 이름의 요리들은 그러나 다른 누가 아닌 자신을 위한 것이기에 어렵지 않게 감동을 자아낸다. "생각지 못한 맛"이면서도 "그리움의 맛"이고 "마음이 따뜻해지는 훈훈한 맛"(2회 박중훈 편)인 것은 그 때문이다.

또한 이 프로그램의 특징은 자연주의와 슬로우푸드를 지향한다는 것이다. 2014년 백종원의 '슈가보이' 대란 이후 충격적인 양의 음식을 먹어치우는 유튜브 '먹방'이 유행하는 오늘날까지 음식을 테마로 한 방송들은 건강이나 자연과는 거리가 멀었다. 〈더 먹고 가〉는 좀 다르다. 솔방울을 푹 고아 국물을 내고 후박나무 잎으로 그릇을 삼는다. 재료를 공수하기 위해 출연자들이 직접 산을 탄다. "우리가 다녀온 북한산을 그대로 옮겨놓았네"라는 말이 나올 정도로 완벽한 자연주의 밥상이다. "12월에 눈이 왔으면 좋겠다"며 밥상 주변에 하얀 쌀가루를 뿌리는 임지호 셰프는 어찌 보면 세계를 창조하는 조물주의 모습을 닮았다. 밥상을 통해 세계관을 보여주고 지친 게스트에게 힐링을 불어넣는 그는 프로그램 내에서 신과 같은 위치에 존재한다. 음식에 대한 과한 의미부여와 전언적인 메시지가 때때로 고리타분하게 느껴지기도 하지만, 나름의 재치로 균형을 잘 잡아가는 듯하다.

〈강호동의 밥심〉 역시 게스트에게 힐링 음식을 대접하는 프로다. '우리는 밥심으로 살아가지만, 살다 보면 밥숟가락 딱! 놓고 싶은 순간이 있다'는 전제 하에 입맛을 돌아오게 만드는 밥상을 차려준다는 콘셉트다. 특이한 점은 '밥'이라는 소재를 전격적으로 내세우는 제목에 비해, 프로그램에서 밥은 소도구에 불과하다는 점이다. 음식은 방송 중간에 잠깐 등장하는데, 심지어 2회 '신혼여행 중 생명을 구한

부부' 편에서는 힐링 요리인 돈까스가 약 40초 등장한다. 쏜살같이 짧은 먹방 뒤에는 음식의 흔적조차 볼 수 없는 깨끗한 테이블 위에서 토크가 진행된다. 지극히 평범한 토크쇼다. 베테랑 MC들이 만들어내는 예능적 재미는 물론 있지만, 소재와 구성의 맞물림이 영 어색하다는 생각이 든다.

『2021 트렌드 노트』(북스톤, 2020)에 따르면 코로나 시대의 큰 변화 중 하나는 시간관념에 있다고 한다. 예전에 사람들이 비어있는 시간을 어떻게 '때울지' 고민했다면, 요즘에는 어떻게 '채울지' 고민한다. 집에 발이 묶이면서 늘어난 여유시간을 오롯이 나를 위한 콘텐츠로 채우고자 한다는 것이다. 밥도 마찬가지다. 대충 한 끼 때우는 게 아니라, 허기진 심신을 제대로 채워줄 수 있는 식사(食事)를 원한다. 그래서 나는 또 고민한다. 오늘은 뭐 먹지?

K-드라마, 코리안 선비 스웩이 먹혔다

 미국 온라인 쇼핑몰 아마존에서 호미가 대박을 쳤다는 소식을 들었을 때는 갸웃했다. 드라마 〈킹덤〉을 본 외국인들이 'ㄱ자로 된 원예도구'를 많이들 찾았다고. '미국 아마존'을 '미국 아줌마'로 잘못 알아들었다는 대장장이의 말처럼, 불과 얼마 전만 해도 우리는 한류의 새바람을 실감하지 못했다. 그러나 최근 한류 팬들의 새로운 습관에 대해 들었을 때는 인정할 수밖에 없었다. 'Oops' 대신 '아이구'라는 감탄사를 쓰고, 뜨거운 라면을 후루룩 삼키며, 스킨로션을 바를 때는 뺨을 때리듯이 올려붙이는 습관……. 그것들을 만든 것은 바로 K-드라마였다. 한국문화는 이미 세계인들의 생활 곳곳에 침투해있었다.
 한류의 중심에는 처음부터 드라마가 있었다. 90년대 말 〈질투〉

가 하얼빈에서 방영된 것을 시작으로 〈사랑이 뭐길래〉, 〈별은 내 가슴에〉 등 여러 작품이 중화권에서 인기를 끌었다. 그러다 2천년대 초반 〈겨울연가〉가 일본 시장에 진출해 욘사마 신드롬을 일으켰고, 〈대장금〉이 방영되며 한국드라마의 전성시대가 열렸다.[1] 〈별에서 온 그대〉로 인한 치맥 열풍이 한국문화에 대한 관심을 견인했으며 현재 〈사랑의 불시착〉, 〈미스터 션샤인〉, 〈이태원 클라쓰〉 등 다양한 콘텐츠가 주목을 받고 있다. 〈킹덤〉과 〈스위트 홈〉 같은 넷플릭스 오리지널 드라마도 스트리밍 순위 상위권에 있다.

K-드라마의 특징을 정의하는 것이 쉬운 일은 아니다. 한국드라마는 연애 드라마라는 과거의 편견과 달리 소재와 구성이 다양해졌을 뿐만 아니라, 비교 대상도 다양하기 때문이다. 그럼에도 불구하고 해외 팬들에게 공통적으로 언급되는 부분을 살펴보자면 다음과 같다.

첫째, 한국드라마는 정서적인 면을 매우 중요시한다. 외국영화나 드라마에서 남녀가 눈이 맞으면 다음 장면이 침대로 바뀌는 것을 본적이 있을 것이다. 이때 사랑은 육체적 관계로 단순화된다. 러브라인도 자주 바뀐다. 유명한 〈가십 걸〉의 주인공 세리나도 툭하면 썸을 타고 새 애인을 만들지 않던가. 무리 내에서 다양한 경우의 수로

---

1 조용상 외, 「중국 내 한류 드라마의 스토리와 캐릭터 분석」, 『글로컬 창의 문화연구』 5, 2016, 86~87쪽.

커플이 탄생하는 모습은 동물의 왕국을 방불케 한다. 반면 한국드라마는 인물들의 감정 변화를 매우 섬세하게 보여준다. 대화와 눈빛으로 무르익어가는 사랑을 그려내고, 클라이맥스에서야 겨우 키스신이 등장한다. 〈미스터 션샤인〉은 그마저도 없는데, 절절함이 배가되어 지루할 틈이 없다. 섹스에 지친 해외 시청자들은 한국판 로맨스의 순수함에 매료된다. "K-드라마에서 처음으로 손을 잡을 때 우리는 미쳐버리지"라는 후기가 모든 것을 설명한다.

그런 만큼 K-드라마는 등장인물에게 높은 도덕성을 요구한다. 〈내 이름은 김삼순〉에서 촌스럽고 뚱뚱한 삼순이 아름다운 희진을 이기는 무기는 삶에 대한 성실한 태도다. 이 드라마는 언뜻 평범한 여자가 재벌가 아들을 만나는 신데렐라 스토리 같지만, 사실은 상처를 가진 남자가 솔직하고 따뜻한 여자로 인해 치유되는 이야기다. 〈또 오해영〉 역시 '예쁜 오해영'이 '평범한 오해영'을 이기지 못한다는 결론에 다다른다. 소박하지만 따뜻한 가정에서 자란 '평범한 오해영'은 특유의 착하고 천진한 성격으로 도경과의 사랑에 골인한다. 이런 서사들은 눈에 보이지 않는 정신적 가치가 더 중요하다는 깨달음을 전한다.

둘째, K-드라마는 가족주의적이다. 부모의 결혼 반대는 한국드라마의 단골 소재다. 구제불능인 부모 형제도 자주 등장한다. 〈사랑의 불시착〉에서 리정혁은 부모 뜻에 의한 정략결혼과 형제의 죽음을 무거운 짐으로 받아들인다. 〈인간수업〉의 오지수는 학비를 벌기 위해 성매매 포주 노릇까지 하지만 그 돈마저 아버지에게 빼앗긴다. 〈나의 아저씨〉에서 이지안은 부모 빚과 거동이 불편한 할머니를 책임지느라 과로에 시달리고, 아저씨는 삼형제의 과한 우정 때문에 이혼의 위기에 처한다. 외국인들이 의아해하는 부분이 여기 있다. 한국인은 왜 자기 인생을 살지 않고 가족에게 얽매이는가. 효(孝)란 무엇인가.[2] 〈나의 아저씨〉에서 그 해답을 찾을 수 있는데, 늘 아저씨의 어려움을 함께하는 사람들은 천덕꾸러기 같은 그의 형제들이다. 이지안이 할머니 장례를 도와준 형제에게 신세를 갚겠다고 말했을 때 그들은 '그렇게 깔끔하게 살지마'라고 답한다. 이러한 사고방식은 철저한 공동체주의에 기반한다. 사람은 누구나 부족하기에 서로에게 기대어 자신을 지탱할 수밖에 없다는 믿음이다.

셋째, 민족과 국가에 대한 애정이 있다. 〈미스터 션샤인〉, 〈킹덤〉 등 한국적인 배경이 도드라지는 드라마의 인기는 어느 정도 예상 밖의 일이었다. 정의로운 주인공은 국가에 대한 충정과 개인의 삶 사이에서 줄다리기를 한다. 〈태양의 후예〉 강모연은 대한민국 육군 특전사를 애인으로 둔 탓에 마음고생을 한다. 그녀는 생명의 위협 속에서 일을 하는 유시진과의 이별을 결심하기도 하지만, 끝내 그를

---

2 김기덕 외, 「한류 드라마에 나타난 가족주의」, 『문화콘텐츠연구』 2, 건국대학교 글로컬문화전략연구소, 2012, 18쪽.

응원하기로 한다. 온전히 내 것이 아닌 남자를 사랑하는 일은 불안하고 힘들다. 그러나 이웃과 평화를 수호하려는 마음이 곧 나를 사랑하는 마음과 다르지 않으며, 그를 더욱 빛나게 하는 것임을 알고 있기 때문이다.

정리하자면 K-드라마에서는 정신적인 가치의 소중함, 가족과 이웃에 대한 의리가 부각된다. 도덕(道德) 그리고 효(孝)와 충(忠). 나는 이것을 코리안 선비 스웩이라고 부르고 싶다. 뜨겁지만 절제된 사랑. 남을 위해 기꺼이 나를 내어주는 용기. 부와 명예보다 정직을 택하는 단호함. 우리 몸속에 녹아들어 있던 고매한 선비 정신은 K-드라마를 통해 재전유된다. 한국드라마가 보수적이라는 평가는 결코 욕이 아닐 것이다.

이번 K-드라마 유행은 코로나 상황과 더불어 OTT 플랫폼(넷플릭스)으로 인한 접근성 강화에 힘입은 것이기도 하다. 'K-드라마가 백신이다'라는 말이 생겨날 정도로 지금 세계인들은 한국콘텐츠에 푹 빠져있다. 코로나 이후가 더 기대되는 이유는 '나중에 박서준 같은 남자친구를 만나러 한국에 가겠다'는 일부 반응들 때문이다. 콘텐츠 산업의 호황이 지금과 같은 선순환으로 이어지기를 바란다. '한국에는 아파트 동마다 박서준이 한 명씩 있단다. 관광 많이 오렴^^' 베스트 댓글에 '좋아요'를 눌러본다.

인도어 쇼핑, 모두의 쇼핑

 작년 여름, 나는 무심코 페이스북 담벼락을 내리다가 흥미로운 게시물 하나를 발견했다. 나의 '페이스북 친구'가 3일 만에 옥수수 7천 개를 팔았다는 것이었다. 내 페친이 구황작물을 심는 농부였는가 하면, 그게 아니라 그는 인문계열 대학원생 출신의 작가였다. 평소 활발한 SNS 활동으로 팔로워들을 많이 보유하고 있는 분이기도 했다. 옥수수 농사를 짓는 장모의 부탁을 받고 판매 글을 올렸는데, 구매 요청이 폭주하여 완판 신화를 일으킨 것이었다. '고집스럽게 농사를 지어오신 분들'에게 '내년을 준비할 힘'이 필요하다는 내용의 게시물에는 사람들의 마음을 끄는 '이야기'가 담겨있었.

 나를 놀라게 한 것은 7천 개라는 어마어마한 판매량이 아니라 판매의 주체였다. 그때만 하더라도 나는 그분이 SNS를 통해 뭔가를

'판매'할 수 있는 사람이라고는 전혀 생각지 못했다. 흔히 인문학자라 하면 상거래에 어둡고, 현실과 동떨어진 근본적인 문제에만 골몰하고 있을 거라는 편견이 있지 않은가. 그런데 인플루언서 마케팅이 눈앞에서 뚝딱하고 이루어지는 모습이 내심 신기하게 보였던 것이다(물론 옥수수를 유통하는 과정에서 얻는 금전적인 이득은 없었다고 한다. 단지 사랑받는 사위가 되어 감사했을 뿐이라고 한다).

나는 일련의 과정을 지켜보며 소비의 패러다임이 근본적으로 바뀌고 있다는 것을 실감했다. 최근 집콕 라이프가 계속되면서 인도어 쇼핑이 급증했다는 것은 누구나 아는 사실이다. 그러나 중요한 것은 온라인 상의 거래의 방식 역시 과거와 달라졌다는 것이다. 이 글에서는 최근 감지되고 있는 인도어 쇼핑의 새로운 기류를 세 가지로 요약해보려 한다.

첫째, 정보가 아닌 '스토리'에 반응한다는 것이다. 노가영(SK브로드밴드 미디어성장그룹)에 따르면, 요즘 사람들은 최저가 비교 사이트에서 상품을 검색하기보다는 내가 팔로우하는 인플루언서의 콘텐츠에 의존한다. 소셜 피드를 통해 보여준 라이프스타일과 스토리가 합리적 소비를 넘어서는 신뢰감을 준다는 것이다. 우리는 톱 여배우가 자신이 광고하는 로드샵 화장품을 사용할 거라 생각하지 않는다.[1] 우리가 관심을 갖는 것은 캠핑 고수의 인스타그램에 등장하는 바스

---

[1] 노가영 외 『콘텐츠가 전부다』, 미래의 창, 2020, 5~6쪽.

켓이며, 딸쌍둥이 유튜브에 나오는 육아템이다. 과거에는 제품의 가격과 스펙, 디스플레이, 인기 연예인을 동원한 CF가 제품의 성공을 좌우했으나, 요즘에는 이러한 기업의 일방적인 홍보가 미치는 영향력이 줄어들고 있다. 소비자들은 연출된 이미지와 정보보다, 실제로 그 제품을 사용할만한 사람들의 '스토리'를 듣고 싶어 한다.

둘째, 유통 '플랫폼'의 변화이다. 언급한 바와 같이 소비자들은 '최저가 검색 사이트'에서 유튜브, 인스타그램과 페이스북 같은 '소셜미디어'로 넘어왔다. 이는 인터넷 쇼핑의 기반이 인터넷에서 모바일로 이동했다는 내용을 어느 정도 포함하고 있는 이야기이기도 하다. 여기에 이어서 요즘 대세로 떠오르고 있는 라이브커머스에 관한 설명을 덧붙이고 싶다. 라이브커머스는 동영상 스트리밍을 통해 상품을 판매하는 것을 말한다. 쉽게 말해 '모바일 홈쇼핑'이라고 보면 된다. 그간 홈쇼핑의 주요 고객층은 중장년 여성과 주부였는데, 이들의 모바일 기기 이용 시간이 늘어나면서 라이브커머스 시장이 활성화되었다고 볼 수 있다.

대표적인 국내 라이브커머스 플랫폼으로는 네이버의 '쇼핑라이브', 카카오의 '톡 딜라이브', CJ 올리브영의 '올라이브', 롯데백화점의 '100라이브' 등이 있다. '인스타그램 라이브방송'을 이용한 방식도 있다. 라이브커머스의 이점으로 꼽히는 것 중 하나는 유통 마진의 절감이다. 이는 소비자와 판매자 모두에게 이익이 된다. 촬영 장비와 쇼호스트를 포함해 전문적인 제작환경을 갖추고 있는 기존 홈쇼핑과 비교하면 현저히 낮은 비용으로 방송을 할 수 있다. 따라서 라이브커머스에서는 판매실적에 대한 부담도 훨씬 적다. 소비자들과 실시간 채팅으로 소통할 수 있는 것도 장점이다.

셋째, 최근 온라인 거래시장에서는 누구나 '판매 주체'가 된다. 과거에는 구매자와 판매자가 명확하게 구분되어 있었다. 상품을 유통하는 일을 직업으로 삼는 '상인'과 월급을 받아 물건을 구매하는 '소비자'로 나뉘었다. 그러나 요즘 사람들은 자신이 가진 물건이나 지식, 노하우 등을 쉽게 돈의 가치로 환산하고 시장에 내놓는다. 이렇게 소비자가 구매의 주체인 동시에 판매의 주체가 되는 것을 'C2C(Customer to Customer) 방식'이라고 한다. 중고거래 사이트를 떠올려 보면 쉽다. 그곳에서는 초등학생도 상인이 된다. 집 안에 굴러다니던 불필요한 물건들은 좋은 상품이 될 수 있다. 판매 주체에 따라 '네고'도 가능하다.

'콘텐츠 판매'에 관한 내용도 적절한 예시가 될 것이다. 생각보다 많은 현대인들은 두 개의 자아를 가지고 낮에는 직장인, 밤에는 콘텐츠 크리에이터로 활동한다. '크몽'이나 '탈잉' 등의 오픈마켓에서는 지금도 수많은 전자책이 판매되고 있다. 그곳에서는 '직장에서 막내로 살아남는 법'과 같은 사소하지만 누군가에게는 절실한 노하우들이 PDF파일로 만들어져 비교적 저렴한 가격에 거래된다. 강의도 마찬가지다. 이제 강의는 거창한 교육활동이 아니라 지식 판매이다. 쇼핑 행위가 된다. 누구나 작가, 강사가 되어 자신의 라이프스타일을 판매한다.

사실 나는 얼마 전에 인스타그램 가계정을 하나 만들었다. 개인 SNS를 운영함에 있어 소극적인 편인데, 그러다보니 항상 최신 기능들에 서툴게 된다. 그런데 어느 순간에는 나도 '판매자'가 될 수도 있겠다 싶으니까 마냥 무지해서는 안 되겠는 것이다. 새로 만든 아이디는 비즈니스 계정으로 설정해두고 이런저런 옵션들을 탐색해본다. 한밤중에 라이브 방송도 켜본다. 말도 안 되는 사업 아이템들을 떠올리다 보면 또 어느새 새벽이 된다.

윤여정이라는 캐릭터

 TV 속 나이든 여자의 모습은 대개 둘 중 하나다. 어머니 아니면 아줌마. 자애롭고 헌신적이며 숭고한 '어머니'든가, 어딘가 좀 모자란 듯 괄괄한 목소리로 동네를 휘젓고 다니는 '아줌마'든가. 나이를 먹는다는 것은 이전과는 다른 존재가 되어버린다는 것을 의미한다. 한때 청순미를 자랑하던 여배우가 결혼 후 예능프로에 나와 푼수 같은 말을 툭툭 내뱉거나, 억척스러운 모습으로 웃음을 유발하는 경우를 우리는 종종 목격한다. 나이 듦에 대한 여성들의 불안은 당연한 것 같다. 대부분은 숭고한 어머니가 될 자신도, 푼수데기 아줌마가 될 마음도 없기 때문이다. 그러면 우리는 무엇이 될 수 있을까. 시니어 여성 롤모델이 절실하게 필요한 시점이다. 그런데 요즘 윤여정 신드롬이 분다. 대한민국 여성들은 입을 모아 '윤여정처럼 늙고 싶다'고 말한다. '늙고 싶다'라니. 그런 표현이 우리 사전에도 존재했던가. 〈현장토크쇼 택시〉(tvN)에서 윤여정은 이렇게 답한다. "걔네가 미쳤지. 롤모델 그런 거? 넌 너고 난 나면 돼!"

 윤여정이 다른 중년 여배우들과 다른 점은 푸근하고 정겨운 이미지와 거리가 멀다는 것이다. 윤여정은 영어를 잘하고 이지적이다. 똑부러지고 깐깐하다. 젊은 시절 악녀를, 후에는 커리어우먼을 주로 연기했다. 과거에는 드물던 이혼녀 배우였다. 오랫동안 사람들은 그녀를 차가운 도시 여자로 기억했다. 그런 그녀에게서 새로운 면을 발견하게 된 것은 예능프로그램 출연 이후였다. 모던하지만 소탈함. 깐깐하지만 초연함. 쿨하지만 세심함. 미묘한 모순에 시청자들은 신선한 끌림을 느꼈다. 우리를 '윤며들게'(윤여정+스며들다) 만든 것은 그런 의외성에 있다.

 윤여정을 가장 잘 보여주는 것은 아마도 '나영석 예능'일 것이다. 〈윤식당〉(tvN) 첫 촬영 당시 나영석 PD는 예상치 못한 그녀의 행동 때문에 당황했다고 한다. 처음 〈윤식당〉을 기획할 때 그는 영화 〈카모메 식당〉처럼 여유롭고 한가한 식당을 떠올렸다고 한다. 커리어우먼답게 요리를 싫어하는 여정이 주방일을 내팽개치고 빈둥거릴 줄 알았다는 것이다. 그런데 예상외로 윤식당은 여정의 진두지휘 아래 매일 매출 신기록을 갱신한다. 나 PD는 그녀에 대해 "인형 눈알 박기를 해야 하면 당장 오늘 100개는 하실 분이더라"며 혀를 내둘렀다.

물론 그것은 시청자들에게도 의외였다. 자타공인 패셔니스타 윤여정은 편한 반바지 차림과 흐트러진 머리로 정신없이 불고기를 볶는다. 누가 시키지 않아도 쉬는 시간에는 신메뉴를 개발하고, "자, 한 걸음씩 나가자고"라며 전의를 불태운다. 퇴근 후 숙소에 돌아와 노안 교정용 선글라스를 닦는 모습은 마치 연장을 벼리는 목수 같다. 나 PD 말마따나 "식당이 안 되면 큰일 날 것처럼" 구는 것이다. 그러는 한편, 행정상의 문제로 식당이 철거되는 초유의 사태 앞에서는 비교적 침착하다. "다 철거된다는데 한 집만 남겨놓는 건 말이 안 되지"라며 상황을 받아들이고, "여기서 죄송한 사람이 어딨어."라는 말로 제작진을 다독인다.

그녀의 이중성(?)에 대한 의문은 다른 장면에서 풀린다. 〈꽃보다 누나〉(tvN)에서 윤여정은 이혼 직후의 삶을 이렇게 회고한다. "너무 힘들었어. 이 애들(자식)을 먹여 살려야 된다는 미션이 있었기 때문에. 백 계단을 올라가라면 올라갔고 나는 아무래도 상관없었어. 진짜 더럽게 일했어." 싱글맘이 되어 연예계에 복귀한 그녀에게는 무시와 냉대가 기다리고 있었다. 한때 청춘스타였던 여정에게 주어지는 것은 고작 단역뿐이었고, 시청자들은 그녀를 싫어했다. 그러나 윤여정은 어떻게든 살아남아야 했기에 작은 일부터 찾아 나섰다고 한다.

얘기를 듣고 보면, 〈꽃보다 누나〉(이하 '꽃누나')에서 이승기를 대신해 외국인에게 길을 물어보는 장면이 다르게 해석된다. 지성미가 돋보인다고만 생각했던 이 장면에서 지나간 세월이 겹쳐보이는 것이다. 자신이 할 수 있는 일을 찾아 작은 보폭으로 움직이는 것, 상황을 예민하고 정확하게 판단하는 것, 그러나 어쩔 수 없는 부분은 받아들이고 거기서 다시 시작하는 것. 그녀의 세련됨은 더 이상 고고한 귀부인의 그것으로 보이지 않고, 오히려 생존을 위해 자신을 단련해 온 사람의 굳은살에 가까운 것으로 느껴진다.

사실 윤여정의 재발견은 그녀의 솔직한 성격과 나영석 예능 스타일이 합쳐졌기에 가능했다고 본다. 보통 예능프로그램에서는 '캐릭터'가 중요한데, 웃음 유발을 위해 출연자의 특정 부분을 과장하고 그에 반하는 면은 감춘다. 출연자는 점점 특정 배역을 연기하는 배우처럼 캐릭터에 맞는 행동만을 하게 되는 것이다. 나영석 예능에서는 상대적으로 이런 면이 적다. 만일 윤여정이 나 PD의 기대에 부합하기 위해 빈둥거리는 사장 역할을 했다면 어땠을까. 모던 레이디나, 국민 어머니 캐릭터가 되었다면? 어느 쪽이든 틀 안에 들어갔을 때 그녀가 가진 진짜 매력은 온전히 빛나지 않았을 것이다. 나 PD는 섭외 후기에서 '윤여정은 나이가 들어도 어머니가 아니라 그냥 윤여정이어서 좋았다'고 말했다.

다시 첫 질문으로 돌아가 보자. 나이가 들었을 때 우리는 무엇이 될 수 있을까. 어머니나 아줌마? 아니면 다른 무엇? 우리는 이제 답을 알고 있다. 무엇도 될 필요가 없다는 것을. 윤여정이 윤여정인 것처럼, 나도 나이가 들었을 때 그저 나일 것이다. 늙는다는 것은 단지 삶을 살아간다는 것이다. 그 사실을 깨달았을 때 비로소 모호한 두려움의 장막이 걷힌다. 윤여정은 그녀를 롤모델로 삼겠다는 청년들을 만류한다. 그에는 '자기 스스로를 긍정하라'는 의미가 담겨있다. 그렇기에 역설적으로 윤여정은 우리의 롤모델이 된다.

이쯤 되니 어디선가 윤여정 배우의 목소리가 들려 오는 듯하다. 요즘 유행한다는 '휴먼여정체'로 마무리해볼까 한다.

'어유 얘, 나 미쳐 증말. 글이 너무 저기하다. 어쨌든지 간에 몇 문장은 좀 빼는 게 어뜨까싶어. 으응, 이러다 나 동상 서겠네.'

랜선 학교, 코로나 그 이후……

몇 달 전 서울의 모 대학에서 메타버스 축제가 열렸다. 온라인 서버에 캠퍼스를 그대로 구현해놓고 학교 구성원들을 초대한 것이다. 학생들은 로그인한 아이디로 아바타를 생성해 가상 캠퍼스를 활보했다. 단과대 건물을 방문하거나 야외공연을 보고, 다른 아바타와 소통하기도 했다. 행사에 대한 반응은 폭발적이었다. 타 대학 학생들은 '우리 학교도 메타버스 축제를 했으면 좋겠다'며 부러움을 감추지 못했다. 옛날 방식의 축제에 대한 그리움은 잠시 뒤로한 채 가상 캠퍼스 이야기가 인터넷 커뮤니티를 달궜다.

대면 소통을 고집하는 것은 이미 구세대의 전유물이 되어버린 듯하다. 대학생활의 낭만을 경험했던 기성세대 입장에서는 지금과 같은 상황이 안타까울 따름이지만, 막상 요즘 학생들 이야기를 들어보면 비대면 체제가 꼭 나쁘기만 한 것은 아니다. 《매거진 한경》에 따르면 약 63퍼센트의 학생들이 당분간 비대면 수업 유지를 원한다고 대답했다. 물론 코로나 바이러스 확산 방지를 위한 것이지만, 현 체제에 단점밖에 없었다면 이와 같이 응답한 학생들은 더 적었을 것이다.

현 비대면 체제의 장단점을 살펴보자. 우선 장점으로 강의실이 아닌 곳에서 수업을 들을 수 있다는 점을 들 수 있다. 다른 지역 혹은 해외라도 접속이 가능하다. 강의 녹화 기능이 있다. 실수로 놓치거나 이해가 안 가는 내용은 몇 번이고 다시 들어도 된다.

긴 공강 시간을 보낼 장소를 찾아 헤매지 않아도 되고, 시간을 효율적으로 쓸 수 있다. 단점은 학생들이 직접 참여하는 부분이 적어 지루하다는 것이다. 교수자의 준비 미흡이나 송신 상의 문제로 강의의 질이 떨어질 수 있다. 전반적으로 단조로운 대학생활을 보내게 된다는 것 등이다. 대면 수업은 그 반대라고 보면 된다.

코로나 바이러스 종식 이후엔 어떻게 될까. 아무 일 없었다는 듯 원래대로 돌아갈까? 아니면 하나둘씩 사이버 대학으로 전환하게 될까? 많은 사람들의 예측 중 하나는 현존하는 대부분의 대학이 사라진다는 것이다. 처음에는 대면 수업을 재개하겠지만 점차 온라인 강의로 전환하는 대학이 늘게 되고, 그러면 소수 명문 대학에만 인원이 몰려 나머지 학교들은 살아남지 못한다는 것이다. 그러다가 나중에는 아예 학교라는 기관 자체가 역사 속으로 사라지지 않겠느냐는 사람도 있다. 그러나 나는 미래에도 여전히 학교가 중요할 거라고 믿는다. 그리고 대면/비대면 수업의 장점만을 취합한 형태로 학교가 재탄생하지 않을까 하는 기대를 품고 있다.

미래형 대학과 관련해 주목받고 있는 것을 소개하자면 '미네르바 대학'을 빼놓을 수 없다. 미네르바 대학은 온라인 수업을 기반으로 하되, 학생들이 세계 곳곳을 돌아다니며 현장 학습을 하는 미국의 혁신 학교다. 지정된 강의실이 없을 뿐, 모든 공간이 배움터가 되어 더 넓은 세상을 바라보게 되는 것이다. 학생들은 일방적으로 수업을 듣기만 하는 게 아니라 자기 주도적으로 탐구하고 소통한다. '따로 또 같이' 학습이다. 강원대학교 김상균 교수가 제안한 '교과목 특성화 전략'도 주목을 요한다. 말하자면 학점교류 프로그램의 진화 버전인데, 교수 전공에 따라 교과목을 세분화하자는 것이다. 가령 '기업가 정신'이라는 공통 교과목이 있다면 A대학에서는 지역경제 활성화를 위한 기업가정신, B대학에는 글로벌 스타트업을 위한 기업가정신을 개설하는 것이다. 학생들은 온라인 플랫폼을 통해 원하는 교수의 수업을 골라 들을 수 있다.[1]

여기서 짚고 넘어갈 것은 '소통'과 '개별화'라는 키워드다. 미래형 대학 모델이 지금과 다른 점은 집체교육에서 벗어나 학생 위주의 수

---

1 김상균, 「거점국립대를 온라인 메타버스로 묶자」 『한겨레』, 2020. 11. 09

업을 추구한다는 것이다. 사실 온라인 수업이라고 해서 무한정 많은 사람들을 수용할 수 있을 거라 여기는 것은 오해에 가깝다. 강의 공간 제한은 없더라도 과목마다 적정 인원은 분명 정해져 있을 것이다. 최근 대학에서 온라인 수업이라는 이유로 과목별 수강 인원을 증원하여 수업의 질을 떨어뜨리는 경우가 있다고 한다. 몇 명 더 늘어나는 게 대수인가 싶지만 발표와 토론, 개별 피드백이 중심이 되는 수업이라면 영향을 받지 않을 도리가 없다. 온라인 강의는 TV나 유튜브 방송과는 다르다. 학생들은 일방적으로 강의를 지켜보는 시청자가 아니며, 수업을 함께 만들어가는 주체인 것이다.

너무 교과서적인 이야기처럼 들릴지도 모른다. 학생 중심 수업을 추구해야 한다는 것은 누구나 알지만, 교육 여건상 어려운 경우가 많기 때문이다. 그러나 앞서 말했듯이 온라인 강의는 우리에게 새로운 가능성을 열어주었다. 공간에 구애받지 않는다는 점을 이용해 개별화 교육에 더 쉽게 접근할 수 있다는 것이다. 가령, 우리는 초등학교 때부터 나이에 따른 학년 체계를 따른다. 다수의 학생들이 한 반에서 같은 수업을 듣고, 다른 친구들의 속도를 따라가지 못하는 아이는 도태된다. 그 책임은 전적으로 개인에게 있다. 그러나 온라인에서는 학년이 아닌 단계별 분반이 가능하다. 개인 수준에 따라 반복 혹은 심화 학습할 수 있다. 관심사나 취미에 따른 분반도 가능하다. 줄 세우기보다는 각자의 역량을 키워주자는 방향이다. 기존 학교 시스템에서 우열반 편성이 야기하던 문제도 해결된다. 우반과 열반이 물리적 공간으로 나누어지지 않기 때문에 직접적인 비교에서 자유로울 수 있다.

이런 모델을 현실화하기 위해서는 더 많은 인력과 기관이 필요하다. 그러니까 수강 인원을 증원할 게 아니라 교원을 확충해야 하며, 다양하고 특색 있는 학교와 수업들이 많이 생겨나야 한다는 뜻이다. 내가 그리는 미래에는 지금보다 더 다양한 학교가 존재한다. 작고 독특한 학교들. 랜선으로 연결되는 그곳에서 우리는 더 개성 넘치고 적극적인 인재들을 만나볼 수 있을 것이다.

뉴미디어 시대와 탈중심성

　뉴미디어 시대가 도래했다. 뉴미디어란 올드미디어와 대비되는 개념으로 신문, TV 같은 기존 대중매체가 아닌 유튜브, SNS, 포털사이트 등의 새로운 통신망을 의미한다. 뉴미디어의 특징 중 하나는 상호소통성에 있다. 일방향적으로 정보를 전달하는 올드미디어와 달리 뉴미디어에서 수용자는 소통의 주체가 된다. 사람들은 이제 매체를 통해 정보를 얻을 뿐 아니라 의견을 개진하고 뉴스를 재생산한다. 이러한 뉴미디어의 특성은 흔히 민주적 가능성과 결부되어 우리 사회의 지형 변화를 예견한다. 오래 지나지 않아 올드미디어는 뉴미디어로 대체되고, 미디어 권력이 분산되어 탈중심적인 사회를 맞게 될 것으로 사람들은 예측해왔다.

올드미디어의 뉴미디어화

뉴미디어의 약진은 심지어 올드미디어 속에서도 발견된다. 올드미디어 예능의 대표주자라고 할 수 있는 나영석 김태호PD의 작품을 살펴보자. 나영석PD가 기획한 〈라끼남〉(Olive, tvN)은 대놓고 뉴미디어 예능을 표방한다. 프로그램을 6분짜리 '숏폼' 형식으로 편집한다는 점이 특히 그렇다. 이러한 파격 편성은 유튜브 업로드를 염두에 둔 것으로 볼 수 있다. 〈라끼남〉은 말하자면 강호동의 '1인 먹방'인데 파채삼겹살 라면, 오리구이 라면 등 매회 새로운 토핑을 얹은 라면을 먹는 모습을 보여준다. 카메라와 직접 소통하는 듯한 화면 구도나 ASMR을 적극적으로 활용하는 부분 등 전형적인 인터넷 방송 스타일을 차용한다.

김태호PD의 〈놀면 뭐하니〉(MBC)는 무정형성을 컨셉으로 한다. 정해진 것은 유재석이 중심에 있다는 것 뿐이고, 각본이 없는 채로 즉흥적인 시도들을 한다. 출연자들의 소소한 일상을 보여주는 '릴레이 카메라'가 '브이로그'(비디오+블로그)와 유사하다는 점도 그렇지만, 최근 인기를 끌고있는 '인생라면' 프로젝트 역시 뉴미디어적인 요소를 지니고 있다. 식당 주인장으로 변신한 유재석이 손님들에게 '유산슬 라면'을 대접하는 컨셉인데, 특별한 진행 순서가 없으며 장르 혼종이 이루어진다는 점이 일반 토크쇼와의 차이다. 〈맛있는 녀

석들〉(코미디 TV), 〈최고의 요리비결〉(EBS), 〈자이언트 펭TV〉(EBS) 등 다른 프로그램과의 콜라보는 인터넷 방송 BJ들 간의 '합방'(합동방송)을 떠올리게 한다.

탈중심화는 가능한가

그런데 이러한 올드미디어의 뉴미디어화 현상을 단순히 '권력 이동' 혹은 '탈중심화'와 같은 키워드로 설명할 수 있을까. 우리는 앞서 올드미디어의 몰락과 그로 인한 미디어 민주화를 예견한 바 있다. 누구나 담론의 주체가 되는 탈중심 사회에서는 정보문화의 독점 세력이 존재하기 어렵고, 매체의 춘추전국시대에서 기성 미디어 권력이 위축될 거라는 게 우리의 전망이었다. 이때 기성 미디어 권력이란 신문사, 방송국 등 제작사와 그에 속한 PD, 언론인, 연예인 등을 망라해서 이르는 말이다. 그러나 최근 방송가의 흐름을 보면 이러한 현상을 어느 한쪽의 성패로 따질 수 있는가 하는 의문이 생긴다. 올드미디어는 정말 몰락하고 있는 중인가. 어떤 면에서 그들은 오히려 세를 확장하고 있는 것처럼 보인다.

〈라끼남〉 제작사인 tvN은 유튜브 채널 '십오야'를 운영한다. 채널 '십오야'에서는 〈라끼남〉 풀버전 영상을 제공하는데 구독자 수가 무려 151만 명에 다다른다. JTBC는 아예 '스튜디오 룰루랄라'라는 크로스미디어 스튜디오를 만들어 TV OTT 등 플랫폼 경계를 넘나드는 콘텐츠를 제작한다. 최근 유튜브 강자로 떠오른 장성규의 〈워크맨〉, 박준형의 〈와썹맨〉 등이 대표적인 콘텐츠다. 그 외에도 뉴미디어에 진출한 올드미디어의 예로 '펭수' 신드롬의 주인공 〈자이언트 펭TV〉(EBS)가 있고, MBC 김태호PD 역시 인기 유튜버에게 주어지는 '골드버튼'을 언급함으로써 유튜브와 관련한 새로운 시도를 예견한 바 있다.

이들이 제작하는 영상은 기존 인터넷 방송과 비교해 퀄리티 면에서 압도적 우위를 차지한다. 깔끔한 화면과 음질, 프로 방송인의 진행으로 완성된 콘텐츠는 개인 유튜브 채널들을 위협하는 수준이다. 올드미디어가 뉴미디어에 압사당하는 게 아니라 그 반대다. 형태와 전달방식이 달라질 뿐 미디어를 주도하는 세력은 그대로다. 나영석 강호동, 김태호 유재석 같은 스타 제작자/방송인을 기용할 수 있고 장비와 시스템을 갖춘 쪽. 대형 제작사와 자본의 중요성은 오히려 더 심화된다.

시스템 속으로 편입되는 크리에이터

이러한 흐름은 'MCN(Multi Channel Network)' 산업의 확산과도 맞물린다. '다중 채널 네트워크'라는 뜻을 지닌 MCN은 쉽게 말하면 유튜브 크리에이터들의 소속사다. 유튜브 시장의 성장과 함께 1인 방송 제작자를 지원해줄 업체가 필요해지면서 이와 같은 산업이 등장했다. 이들은 JYP, SM 같은 연예 기획사와 마찬가지로 크리에이터들을 발굴 육성하며, 편집자 섭외부터 광고 유치까지 콘텐츠 제작과 관련된 제반 업무들을 담당한다. 유명 크리에이터 상당수는 이와 같은 대형 기획사에 소속되어 있는 상태다.

국내 MCN 시장에서 선두를 달리고 있는 것은 'CJ ENM' 브랜드인 '다이아TV'라고 볼 수 있다. '다이아TV'는 감스트, 대도서관, 박막례 등 1,400명에 달하는 크리에이터와 파트너십을 맺고 있으며 총 구독자 수가 2억 명이 넘는다. 박미선, 전효성 같은 기성 방송인들까지 이곳과 계약을 맺었다고 하니 업계 전망이 밝다고 봐야할 것이다. 이제 혼자서 인터넷 방송을 시작하던 시대는 지나갔다. 시장에 진입하기 위해서는 체계적인 시스템이 필요하고 그 시스템은 역시 대기업이 장악하고 있다. 미디어는 '탈중심'화하는 게 아니라 자본 '중심'화한다.

유튜브에서 '라면 먹방'을 검색해보자. 라면 20봉지 먹기, 캠핑장에서 라면 먹기, 엄마 몰래 라면 먹기, 물구나무서서 라면 먹기……. 값싸고 대중적인 음식인 라면은 먹방 BJ들의 인기 아이템이었다. 그러나 이제 '라면 먹방'에 누가 관심을 가질까. 이곳은 이미 레드오션이다. 그렇다면 다시 한 번 〈라끼남〉을 보자. 구독자 수 151만의 위용이 새삼스럽지 않은가. 이들의 라면이 특별한 이유는 어디에 있는가. '파채삼겹살'을 끼얹어서? 아니, 강호동 나영석을 끼얹어서. 뉴미디어 시대에도 이들은 계속 활약할 것이다. 매체가 바뀌어도 자본은 영원하다.

추락하는 일진에게는 날개가 없다

1.

방송가가 때 아닌 '학폭' 논란으로 몸살을 앓고 있다. 최근 예능프로 〈부러우면 지는 거다〉(MBC) 출연자가 학교 폭력 가해자라는 주장이 제기되면서 한 차례 논란이 일었다. 해당 출연자는 곧장 사과문을 게시하고 프로그램에서 하차했는데, 그럼에도 불구하고 논란이 계속되자 자살을 기도하기에 이르렀다. 그는 자신의 과거를 폭로한 A씨의 말에 과장이 있다고 주장했다. 잠시 진실공방이 벌어지는가 싶더니, 다시 잠잠해진 상황이다.

또 지난해에는 독특한 음색으로 주목받던 밴드 '잔나비'의 멤버가 그룹을 탈퇴했고, 〈프로듀스 101〉(Mnet)연습생이 소속사(JYP)와 계약을 해지했다. 최근 〈하트시그널3〉(채널A)은 방영을 앞두고 출연진 학폭 의혹이 불거졌는데, 프로그램 초반 시청률을 떨어뜨리는 데 일조한 것으로 보인다. 이처럼 일진 출신이라는 의혹만으로도 큰 데미지를 떠안게 되기 때문에 방송가에서는 출연진 검증에 바짝 신경을 곤두세우는 중이다.

2.

2000년대 초반만 하더라도 '한때 좀 놀았다'하는 아이돌 가수의 과거사는 강한 남자를 동경하는 소녀 팬들의 로망을 채워주는 용도로 활용되었다. 이에는 어느 정도 대중매체의 책임이 있다고 볼 수 있는데, 그 속에서 학교 폭력이 미화되는 경향이 짙었기 때문이다. 한때 문화계 아이콘이었던 '귀여니'를 떠올려보자. 대표작 『늑대의 유혹』과 『그놈은 멋있었다』의 남자 주인공들은 둘다 일진이다.

이들은 단순한 비행청소년이 아니라 부유한 집안 배경과 준수한 외모까지 겸비한 '명품 일진'이다. 언뜻 차가워 보이지만 속으로는 자기 여자를 진심으로 사랑하는 순정파인데, 사실은 까칠한 성격도 어린 시절 상처에서 비롯된 것으로 모성애를 자극하는 면이 있다. 당시 귀여니 소설을 필두로 비슷한 형태의 학원물들이 우후죽순 생겨났다. 인기를 얻었던 소설로는 『아빠가 된 일진짱』, 『개기면 죽는다』, 『내 여자친구를 일진짱에게 한 달 간 빌려주다』, 『잘난 문제아

금연하기 프로젝트』 등이 있다.

지금은 어떨까. 최근 학원물계에서 가장 인기 있는 크리에이터로는 웹툰 작가 박태준을 꼽을 수 있다. 유명한 〈외모지상주의〉(이하 〈외지주〉)를 비롯해 〈싸움독학〉과 〈인생존망〉은 모두 고등학교 교실을 배경으로 일진 무리의 생활상을 그리는 작품이다. 지난 세대 학원물에는 어수룩하고 귀여운 여주인공이 있었다면, 지금은 그 자리를 '찐따'가 대신한다는 것이 큰 차이점이다.

우선 〈외지주〉는 뚱뚱하고 못생긴 찐따 '박형식'이 하루 중 절반을 잘생긴 몸으로 살게 되는 마법에 걸리면서 겪게 되는 일들을 담고 있다. 별안간 신분이 상승된 박형식은 그러나 여전히 겸손한 태도로 약한 학생들과 연대하는 모습을 보여준다. 이는 외모지상주의와 약육강식의 세계를 비판하려는 작가의 의도가 반영된 캐릭터라고 할 수 있다.

〈싸움독학〉에서는 같은 반 일진의 유튜브 촬영에 강제로 동원되던 찐따가 우연히 싸움 기술을 가르치는 영상을 발견하면서 판을 뒤흔든다. 찐따는 상대를 이기는 방법을 터득하고 일진들을 하나둘씩 제압해 나간다. 〈인생존망〉은 독특하게도 일진이 주인공이다. 어떤 저주에 의해 찐따의 몸속으로 들어간 일진이 친구들 무리에게 괴롭힘을 당하면서 과거의 잘못들을 깨달아간다. 그는 찐따를 괴롭히는 일진들을 막기 위해 고군분투한다.

그러나 이 작품들은 근본적인 한계에서 벗어나지 못했다는 비판을 받기도 했다. 가장 많은 질타를 받은 것은 〈외지주〉인데 폭력적인 장면이 늘어나면서 애초의 기획의도와 상관없는 평범한 일진미화 만화로 변질되었다는 것이다. 문화비평가 위근우는 박태준의 작품세계 전반을 아우르며 '전형적인 능력주의'라고 지적했다. 언더독의 반란을 그리는 것 같지만 결국 문제를 해결하는 사람은 일진이거나 혹은 노력을 통해 일진에 준하는 능력을 얻게 된 인물이기 때문이다.[1]

이는 유의미한 분석이지만, 그럼에도 불구하고 전체적인 맥락에서 일진의 위상이 점점 더 낮아지고 있다는 것은 부인할 수 없는 사실이다. 방향성이 희미해진 〈외지주〉에 비해 〈싸움독학〉과 〈인생존망〉은 비교적 권선징악적인 주제에 충실한 편이다. 작품의 연재시기를 참고하면 그 변화 과정이 선명하게 느껴지는데 〈외지주〉는 2014년에, 나머지 두 작품은 2019년에 시작되었다. 일진은 이제 분명한 '참교육'의 대상으로 여겨진다. 각 회차마다 달리는 댓글을 보면 독자들 역시 이런 부분에 대해 예민하게 감지하고 있음을 알 수 있다.

3.

최근 학폭 미투가 잦아진 이유 중 하나는 SNS의 발달에 있다. 〈싸

---

1 《경향신문》, 2020. 01. 17.

움독학〉 유호빈이 유튜브로 일진 빡고를 저격하면서 반란을 꾀했듯이, 누구든 SNS로 남을 고발할 수 있다. 사이버 폭력의 수단으로 활용되던 SNS가(카톡 지옥, 신상유포 등) 새로운 민주적 가능성을 보여주는 사례이다. 최근 사회 전반에 걸쳐 소수자와 약자에 관한 감수성이 높아진 것 또한 하나의 이유로 볼 수 있다. 과거에 비해 사람들은 폭력과 인권 문제에 민감하다. 영화 〈말죽거리 잔혹사〉에 나오는 것처럼 사회 전반이 폭압적 지배 하에 있을 때는 작은 폭력들을 대수롭지 않게 여겼지만, 지금은 그렇지 않다.

청소년들 사이에서도 학교 폭력에 대한 인식이 많이 변했다고 한다. 유명 방송인들이 줄줄이 학폭 사건에 연루되어 나락으로 떨어지는 모습을 보며, 무심코 하는 행동들이 자신의 미래를 짓밟을 수도 있다는 사실에 경각심을 갖는다고. '일진 낙인'의 위력을 알게 된 학생들이 스스로 행동을 검열하게 되는 것이다. 학폭 미투 현상은 그 변화의 신호탄이 될 수 있다. 물론 마녀사냥식의 피해자가 발생하는 일은 경계해야 하며 '피해주장자'의 말은 충분한 검증이 필요하다. 다만 현재로서는 그것이 발생시키는 긍정적인 영향력도 무시할 수 없는 상황이다. 추락하는 일진은 날개가 없다는 것을 모두들 지켜보고 있기에.

멋있거나 귀엽거나, 허니제이의 두 가지 매력: 2021 ICON 방송 부문

대한민국 여자들 춤 X나 잘 춰!

〈스트릿 우먼 파이터〉(Mnet) 6화에 등장한 제시의 말에 격하게 고개를 끄덕였다. 우리가 음주가무의 민족이라 했던가. 한민족이 흥이 많고 가무에 능하다는 이야기는 중국 고서에도 등장한다. 그런데 술과 노래에 비해 춤을 즐기는 일은 드물지 않나? 얼큰하게 달아오른 노래방에서 필 충만한 곡조를 뽑아내는 사람은 있어도, 댄스 실력을 자랑하는 사람은 적어도 내 주변에서는 못 봤다. 그런데 나의 이런 편견을 뒤바꿀만한 현상이 요즘 벌어지고 있다. 유튜브에는 댄스 챌린지 영상들이 심심찮게 돌아다니고, 공연 직캠 영상에는 가수가 아닌 댄서를 응원하는 댓글들이 달린다. 동네 댄스학원 수강생까지 늘어나는 추세라 하니, 대한민국에 춤바람이 불고 있다 할만하다.

K-댄스 돌풍의 가장 중심에 있는 인물은 바로 '허니제이'다. 〈스트릿 우먼 파이터〉(이하 '스우파') 최종 우승팀인 '홀리뱅'의 리더이자 한국 걸스힙합의 전설로 불리는 그녀에 대한 관심이 뜨겁다. '하루 종일 허니제이 영상만 찾아보고 있다', '춤은 말할 것도 없고 인성이 빛난다', '허니제이 언니랑 결혼하는 법 좀 알려주세요' 등 지금 SNS 에서는 '허니제이 앓이'가 한창이다. 사람들은 그녀가 방송에서 했던 말을 따라 하고, 그녀의 가방 속에 뭐가 들어있는지 궁금해한다. 스스로를 '스우파 과몰입러'로 칭하는 사람들은 허니제이의 매력 포인트를 두 가지로 꼽는다. 멋짐과 귀여움. 이 상반된 매력의 조합이 한계를 모르고 상승하는 허니제이의인기 비결이다.

'멋짐'은 그녀의 견고한 댄스 실력에서 기인한다. 비주류였던 '걸스힙합'이 스트릿 댄스의 중심 장르가 된 데는 허니제이의 역할이 컸다. 업계 관계자들은 "지금 스트릿씬에서 성행하는 걸스힙합 스타일은 다름 아닌 허니제이 스타일"이라고 입을 모아 말한다. 춤꾼들 사이에서 이미 독보적인 존재였던 그녀의 실력이 이번 〈스우파〉 출현을 계기로 대중들에게까지 알려지게 된 것이다. 〈스우파〉 심사위원을 맡은 황상훈 안무가의 말을 빌리자면 "페미닌한 멜팅 그리고 와일드"가 그녀의 무대를 설명해주는 수식어다. 여성스러운 무드 속 강인함과 절제된 카리스마. 허니제이는 여성이 어떤 방식으로 멋있을 수 있는지 몸으로 구현해 보인다. 그동안 눈요깃거리 정도로 여겨지던 여성 댄서들에 대한 인식이 변화한 것도 이 지점과 맞물린다. 예쁘다, 섹시하다 대신 '멋지다'라는 표현이 어울리는 허니제이의 그루브에 시청자들은 온통 마음을 빼앗겼다.

그렇다면 '귀여움'은 무엇인가. 이 단어는 허니제이의 인간적인 매력들을 통칭하는 데 사용된다. 무대 위에서 보여주는 카리스마와 달리 일상생활에서 허니제이는 다소 허술한 면이 있고 소탈함과 자연스러움을 추구하는 것으로 보인다. 인스타그램 라이브 방송에서 떡볶이를 먹으며 시청자와 소통하는 모습은 어이없을 정도로 친근하다. '순대는 초장에 찍어 먹어야 맛있다'고 진지하게 말하는 허니제이를 보면 조금 전까지 무대에서 폭발적인 에너지를 뿜어내던 사람과 동일인물이 맞나 하는 의구심이 든다. 상반된 이미지가 만들어 내는 낙차에 오묘한 매력을 느끼는 것이다. 이와 비슷하게 허니제이의 꾸밈없는 성격을 보여주는 예로 '퇴근가방 짤'이 있다. 〈스우파〉 개인 인터뷰에서 허니제이가 한쪽 어깨에 가방을 메고 있는 장면이 화제가 된 적이 있다. '허니제이 퇴근하다 붙잡혔냐', '칼퇴 욕망을 담은 가방' 등 익살스러운 댓글들을 불러온 이 장면은 지금도 인터넷을 떠돌고 있다. 화면에 비치는 자신의 모습을 신경 쓰지 않는 듯, 무심하게 가방을 멘 채로 춤 이야기에만 몰두하는 모습이 시청자들의

웃음버튼을 눌렀다.[1]

그녀의 소탈하고 쿨한 성격은 경연을 준비하는 과정에서도 드러난다. 흔히 이런 배틀 프로그램에서 기대하게 되는 것은 출연자들의 넘치는 스웩과 자신감이다. 그런데 허니제이는 과장된 당당함을 연출하기보다는 있는 그대로의 모습으로 경연에 임하며, 다소 납득하기 어려운 평가에 대해서도 쿨하게 받아들인다. 프로그램 초반 허니제이가 속한 홀리뱅 팀은 연이어 낮은 성적을 기록하는 불운을 떠안았다. 이때 그녀는 서운한 마음을 내비치는 한편으로 "나는 평가하러 나온 사람이 아니라 평가 받으러 나온 사람이다"라며 결과를 인정하는 모습을 보인다. 이 말에는 내가 비록 최선을 다했다고 해도 원하는 결과가 따라오지 않을 수 있다는 것을 아는 사람의 겸허함이 녹아있다.

늘 운이 좋기만 한 사람이 아니라면, 나의 노력을 세상이 알아주지 않는 데 대한 억울함을 느껴본 적이 있을 것이다. 그리고 그런 상황이 반복되면 점점 스스로를 불신하게 되고 나를 타인의 기준에 맞추려 애쓰게 된다. 그러나 여기서 허니제이가 택한 방식은 끝내 나다움을 버리지 않는 것이었다.

메가크루미션에서 홀리뱅 팀은 개성이 짙은 무대를 구현한다. 경연에서 이기기 위해 대중성을 고려하기보다는 평소 자기 색깔대로,

---

[1] 늘 지니고 다니는 이 가방에는 천식 호흡기가 들어있다고 후에 허니제이가 밝혔다.

그냥 홀리뱅다움이 무엇인지를 보여주기로 한 것이다. 결과는 대반전이었다. 대중성이 부족하다고 생각했던 그들의 안무가 오히려 대중들의 전폭적인 지지를 얻고 1위를 차지한 것이다. 순간순간 자신을 포장해 돋보이려 하기보다는, 불안하더라도 스스로를 믿고 정면 승부하는 사람의 승리에 시청자들은 함께 감동했다.

최근 허니제이와 관련된 과거 미담들이 여기저기서 속출하고 있는 모양이다. 허니제이는 "나도 착하기만 한 사람은 아닌데 너무 좋은 점만 부각된 것 같아 무섭다"는 속내를 드러냈다. 그러나 대중들은 허니제이를 완벽한 사람으로 바라보지 않는다. 때로는 흔들리고, 허술한 면이 많고, 우왕좌왕할 때도 있지만 그렇기에 매번 더 나은 선택지를 고민할 수 있는 사람이기도 한 것이다. 우리는 그저 그녀의 성장을 함께 응원하는 크루일 뿐이다. 그런 의미에서 배틀에 출전하던 허니제이에게 립제이가 보낸 찬사를 인용할까 한다.

"뭣찌다 뭣찌다 울언니!"

고령 사회의 섹슈얼리티와 비대칭성

1. 나이 듦에 관한 오래된 농담

여자는 25세가 넘어가면 가치가 떨어진다는 뜻에서 '크리스마스 케이크'에, 남자는 시간이 지날수록 성숙해진다는 의미로 '와인'에 비유하는 것은 나이 듦에 관한 오래된 농담 중 하나이다. 우리 사회는 늘 여성의 나이 듦과 그에 따른 외모 변화를 매우 부정적인 시선으로 바라봤고 남성의 그것에 대해서는 상대적으로 관대했다. 이제는 실제로 이런 농담을 하는 사람이 드물어지기는 했지만, 젠더 문제에 대한 사회적 민감도와는 별개로 성별에 따른 나이와 외모 기준의 격차는 여전히 좁혀지지 않고 있는 것 같다.

흔히 남성의 매력은 지위나 재력, 성격이나 매너 등 다양한 요소로 결정되지만 여성의 매력은 젊고 아름다운 신체에 국한되는 것으로 여긴다. 그런데 시간이 지날수록 젊음과 미모는 사라지고, 경제력이나 처세 등 사회적 능력은 발전하기 때문에 나이 듦에 민감한 것은 여성 쪽이 될 수밖에 없다.[1] 문제는 대중매체에서 이러한 불공평한 전제 조건들을 승인한다는 데 있다. 이는 남녀의 섹슈얼리티가 미디어에서 어떻게 다루어지고 있는지 살펴볼 때 명징해진다.

일찍이 월터 리프만이 언급했듯 미디어는 우리가 살아가는 넓고 복잡한 세계를 그대로 반영하는 것이 아니라 선택적으로 재구성해 현실을 왜곡한다. 그리고 그 왜곡된 상은 다시 현실과 영향을 주고받는다.[2] 본고는 대중매체에 나타난 남녀의 나이/외모 중요도 차이를 알아봄으로써 우리 현실을 진단해보고, 비대칭적인 구조를 심화 고착화하는 미디어의 태도에 경종을 울리는 데 목적이 있다.

2. 잘생김을 연기하다

'잘생김을 연기한다'라는 말이 있다. 이는 객관적인 미남의 조건을 갖추지 않은 배우가 브라운관 속에서 말이나 행동을 통해 시청자

---

[1] "'여성적 자원'인 몸은, 소멸하는 유한한 자원이지만 남성의 자원은 그렇지 않다. 남성은 일생을 걸쳐 남성으로 산다."(정희진, 「나이 듦, 늙음 그리고 성별」, 《당대비평》 22호, 생각의 나무, 2003, 345쪽)

[2] 이지혜, 「류준열, 잘생김을 연기합니다」, 《ize》, 2015. 11. 30.

들에게 어필하는 상황을 뜻하는 표현이다. 자상하거나 시크하거나 리더십이 있는 등. 매력적인 캐릭터를 연기하는 배우들은 어느 순간 시청자들의 눈에 아름다워 보이기 시작한다. 그리고 스타덤에 오른다. 비록 평범하거나 못생기거나 나이가 많더라도 말이다.

2018년 9월 국내의 한 언론사는 "'잘생김'마저 연기하는 '천재' 배우 6명"이라는 제목의 기사를 게시한 바 있다. 여기서 언급된 배우는 류준열, 황정민, 신하균, 류승범 등인데, 기사에 따르면 이들은 "이목구비 하나하나 따져봤을 때 타고난 미남형은 아니지만 눈빛과 표정만으로도 잘생김을 연기해내는" 능력을 가지고 있다.[3]

이 중에서도 '잘생김을 연기한다'는 수식어가 가장 많이 붙는 배우는 단연 류준열이다. 드라마 〈응답하라 1988〉(tvN)에서 류준열은 주인공 '덕선'(혜리)의 친구들에 의해 '키 크고 마르고 눈 찢어진 애' 또는 '무섭게 생긴 애'로 호명된다. 한 매체에서는 류준열에 대해 "두꺼운 눈두덩이, 쌍꺼풀이 없고 매섭게 찢어진 눈과 도톰하게 벌어진 입술. 선뜻 미남이라고 말하기는 어려운 얼굴"이라고 설명하는 동시에 "그러나, 그는 잘생겼다. 정확히는 〈응답하라 1988〉을 보다 보면, 그가 점점 잘생겨 보인다"라는 찬사를 보낸다.[4]

〈응답하라 1988〉에서 류준열이 연기한 '정환'은 무심한 듯하면

---

[3] 김은지, 「'잘생김'마저 연기하는 '천재' 배우 6명」, 《인사이트》, 2018. 09. 05.
[4] 이지혜, 「류준열, 잘생김을 연기합니다」, 《ize》, 2015. 11. 30.

서 은근히 여주인공을 배려하는 성격으로 전형적인 하이틴 로맨스물의 남주 캐릭터다. 흔들리는 버스 안에서 덕선을 자신의 팔 안에 가두어 다치지 않게 지켜주고, 엄마를 피해 도망가는 덕선을 대신해 매를 맞기도 한다. 이러한 행동들은 '어남류'(어차피 남편은 류준열) 신드롬을 만들어낸 원동력인데, 그 로맨스의 경쟁자들이 조각미남인 '택'(박보검 분)과 '선우'(고경표 분)였다는 것은 특기할만한 사실이다.

데뷔 초반 '못생긴 잘생김'이라는 역설적인 수식어가 따라붙던 류준열은 점차 스타 반열에 오름에 따라 '그냥 미남'으로 둔갑하기 시작한다. 2018년 한 언론에서는 "류준열이냐 박보검이냐… 손글씨가 예쁜 미남 배우들"이라는 제목의 기사를 뽑아낸다.[5] 기자는 우리나라 톱스타 남자 배우인 장동건, 현빈, 박보검의 사진을 류준열과 나란히 배치하고, '미남'이라는 라벨을 붙인다.

이러한 작업은 '미남'이라는 단어의 외연을 넓히며 미(美)의 획일화된 기준을 무너뜨리는 데 기여한다. 이는 비난할 만한 일이 아니다. 그러나 여기서 주목해야할 것은 미모 기준의 방만함이 성별에 관계없이 동등하게 적용되는가 하는 것이다. 장동건 현빈 박보검 류준열이 동일 범주로 묶이는 것은 가능하나, 김태희 송혜교 전지현과 라미란을 함께 세워두고 '미녀 배우들'이라는 수식을 붙이는 경우는 존재하지 않는다. '잘생김을 연기'하는 것은 가능하지만 '예

---

5 장진리, 「류준열이냐 박보검이냐… 손글씨가 예쁜 미남 배우들」, 《OSEN》, 2018. 09. 04.

뽐을 연기'할 수는 없기 때문이다.

드라마나 영화에서 여자 주인공을 맡을 수 있는 배우는 한정적이다. 청순가련형 캐릭터뿐만 아니라 못생기고 평범한 여자 역할마저 미녀 배우만이 연기할 수 있는 기회를 얻는다. 드라마 〈어비스〉(tvN)는 "'영혼 소생 구슬' 어비스를 통해 생전과 180도 다른 '반전 비주얼'로 부활한 두 남녀가 자신을 죽인 살인자를 쫓는 반전 비주얼 판타지 드라마"(tvN 공식홈페이지)이다. 전생에 '여신 미모'였으나 현생에서는 '세젤흔녀'(세상에서 제일 흔한 얼굴을 지닌 여자)로 부활한 여자 주인공 역할을 맡은 것은 다름 아닌 배우 박보영이다.

드라마 메인 포스터에는 "어비스? 이 구슬 때문에 내가 이 모습으로 부활했다고?"라는 문구와 함께 배우 박보영이 이해할 수 없다는 듯한 표정을 짓고 있다. 그러나 진정으로 이해하기 어려운 것은 캐스팅 기준이다. 박보영은 작은 얼굴에 커다랗고 동그란 눈과 뽀얀 피부를 가져 연예계 대표 '강아지 상 미인형'으로[6] 손꼽힌다. 그런 박보영을 데려다 놓고 '세상에서 제일 흔한 얼굴을 지닌 여자'라고 우기는 상황은 모순적이다.

드라마 〈또 오해영〉(tvN)에는 '오해영'이라는 이름을 가진 두 여자가 등장한다. 주변 사람들은 그들을 '예쁜 해영'과 '그냥(안 예쁜) 해

---

[6] 인사이트 디지털뉴스팀, 「'멍뭉미'에 반하는 연예계 대표 '강아지상' 여자 연예인 6」, 《인사이트》, 2017. 09. 03.

영'으로 구분해 부른다. '안 예쁜 해영' 역을 맡은 사람은 '로코퀸' 서현진이다. 극 중에서 '그냥 해영'(서현진 분)은 예쁘지 않을 뿐 아니라 어딘가 어설프고 푼수 같은 캐릭터로 끊임없이 '예쁜 해영'과 비교 당한다. 과거 아이돌 걸그룹 출신이기도 한 서현진이 못생긴 푼수데기 취급을 당하는 모습에 시청자들은 어리둥절할 따름이다. 드라마 제작진은 서현진이 '안 예쁜' 역할을 맡았다는 것을 이해시키기 위해 공식 포스터에서 그녀에게 못난이 인형을 들고 있게 한다.

드라마 〈역도요정 김복주〉(MBC)에서 비만 역도부원 역을 맡은 사람은 모델 '이성경'이다. 드라마 〈미녀 공심이〉(SBS)에서는 '멍청한 엄마의 두뇌와 매우 못생긴 아빠의 외모를 물려받은 저주받은 둘째 딸' 역할로 아이돌 걸그룹 출신 '민아'가 캐스팅되었다. 특수 분장으로 빛나는 미모를 감출지언정 못난 역할이라고 해서 실제로 그런 외모를 지닌 여배우를 주인공 자리에 앉히는 사례는 거의 없다. 남자 배우는 '잘생김을 연기'하는데 반해 여자 배우는 '못 생김을 연기'하고 있는 것이다.

3. '아재파탈'과 '아줌돌'

아름다움과 젊음은 매우 밀접한 관계에 있다. 젊은 시절의 건강하고 아름다운 육체는 나이가 들수록 퇴색하기 때문이다. 이러한 관점에서 볼 때 중년 남녀의 섹슈얼리티 문제를 살펴보는 것은 의미가 있다. 여성은 젊은 시절을 지나 '아줌마'가 되는 순간 아름다움과 단절되는 존재로 여겨진다. 반면, 남성은 나이가 들어도 멋스러움과 품격을 유지하는 것이 가능한 존재인 것처럼 생각되는 경향이 있어왔다. '꽃중년', '미중년', '영포티' 등의 수식어들이 그 증거이다.

그런데 어느 순간부턴가 꽃중년이라는 단어 대신 '아재파탈'이라는 신조어가 그 자리를 차지하게 되었다. 아재파탈은 아저씨의 친근한 표현인 '아재'와 옴므파탈에서 따온 '파탈'이 결합된 말이다.[7] 처음에 이 단어는 꽃중년과 마찬가지로 비교적 외모 관리가 잘 되어있는 중년 남성들을 수식하는 데 사용되었으나, 이제는 그 외연이 확장되어 '아저씨'라면 누구나 '아재파탈'이라 불리는 상황에 이르렀다.

2018년 한 매체에서는 "'아재파탈' 성동일, 드라마배우 브랜드 평판 1위"라는 제목의 기사를 게재했다.[8] 중년 배우 성동일의 이미지를 떠올려보자. 그는 드라마 〈응답하라 1988〉에서는 소박하고 근면한 가장을 연기했고, 예능 프로그램 〈아빠! 어디가?〉(MBC)에서는 무

---

7 "TV프로그램은 아재 코드를 차용하는 과정에서 사회적으로 긍정적 수용이 되는 남성들을 아재로 호명하여 아재라는 단어에 긍정적인 이미지를 코드화(encode)한다. 결국 TV 프로그램을 통해 더 널리 매개된 아재 코드는 그 외연이 확장되어, 대중적이고 호감 가는 형태로 수용가능하게 정제된 형태이다"(박소정, 「'아재'라는 호명의 독 – 대중문화 속 '아재' 코드가 헤게모니적 남성성을 구축하는 방식」, 《미디어, 젠더&문화》, 한국여성커뮤니케이션학회, 2017, 95쪽.)

8 신나라, 「'아재파탈' 성동일, 드라마배우 브랜드 평판 1위」, 《TV리포트》, 2018. 06. 13.

뚝뚝하지만 든든한 아빠로서 실제 자녀들과 소통하는 모습을 보여주었다. 브라운관 속 그는 우리의 이웃에 살고 있을 것 같은 전형적인 '아저씨'의 모습을 하고 있다. 즉, 성동일은 아재 파탈이 아니라 '그냥 아재'라는 것이다.

그런 그를 옴므파탈의 테두리 안에 욱여넣은 모습은 어색하기 짝이 없다. 이외에도 김건모, 김제동, 이덕화, 정형돈, 데프콘 등 평범하게 나이든 남자를 아재파탈로 승격시킨 사례는 많다. 이와 같은 수식어로 불리는 이들 중에서는 정우성, 지진희, 유준상 등 젊은 시절에 발산하던 남성적 매력을 간직하면서 중년이 되어버린 사람들도 있지만, 단지 나이가 들었다는 이유만으로 아재파탈의 지위를 부여받는 사례도 무수하다.

이런 탓인지 중년 남성들이 젊은 여성에게 성적으로 어필하는 모습은 흔히 보인다. 대표적인 아재방송이라고 할 수 있는 〈아는 형님〉(JTBC)은 매번 젊고 예쁜 여성 게스트와 중년 남성 MC들 간 '썸'의 기류를 형성한다. MC들은 20대 여배우에게 "여기서 뽀뽀를 할 수 없는 멤버가 있느냐"는 질문을 하고, 그녀의 남편감을 찾는 설정의 꽁트를 한다.(98회 윤정수&하연수 편) 기혼이거나 이혼 상태인 그들은 미혼 여성으로부터 자신의 성적 매력을 확인하려 한다.

여성 게스트로 하여금 MC들 중 마음에 드는 남성을 고르게 하는 것은 〈아는 형님〉의 단골 코너다. 한 회차에서는 여성 출연자가 자신의 이상형으로 (젊고 잘생긴) '김희철'을 선택하고 나서 핀잔을 받는 장면이 등장한다. MC 이수근은 "그럼 (인터뷰가) 빨리 끝나. 제일 길게 가는 건 서장훈이야. 건물 얘기 나오고 신정 때 부모님께 인사 드리는 얘기까지 이어지거든."이라고 말한다.(56회 유인영&김현수 편) 서장훈은 이혼 경력을 보유한 40대 중반 남성이지만, 방송에서는 스스럼없이 새로운 인연 찾기의 주인공이 된다. 이를 가능케 하는 것은 그의 재력이다. 남자의 재력은 여자의 젊음/미모에 비길 수 있는 무기가 된다는 것을 다시 한 번 확인할 수 있는 대목이다.

SES 출신 슈가 다소 통통해진 모습으로 눈길을 끌었다.
지난 26일 방송된 MBC '황금어장-라디오스타'에 출연한 슈는 '한창 때'와 달리 다소 후덕해진 모습을 선보였다. 걸그룹 SES 활동을 통해 요정과 같은 매력을 뽐냈던 슈가 결혼 후 '아줌돌'로서의 또 다른 모습을 드러낸 것.[9]

그렇다면 '아재파탈'에 대응되는 표현이 있을까. 안타깝게도 '아줌파탈'이라는 단어는 존재하지 않는다. 대신 비슷한 맥락에서 '아줌돌'이라는 조어가 있다. 이 단어는 90년대에 최고 인기를 누렸던 걸그룹 S.E.S.의 전 멤버 '슈'가 예능프로그램에서 본인 스스로를 "이

---

9 정해욱, 「SES 슈 "이젠 아줌돌"…다소 후덕해진 모습 눈길」, 《스포츠 조선》, 2011. 01. 27.

젠 아이돌이 아니고 아줌돌"이라고 소개한 데서 유래한 말이다. 인용한 신문 기사에서 아줌돌이라는 단어는 과거 걸그룹 멤버였던 여자가 '한창 때와 달리 다소 후덕해진 모습'을 설명하는 용도로 사용된다. '아재파탈'이 중년 남성의 건재함을 이른다면 '아줌돌'은 아름다움의 퇴락을 강조하는 맥락에 있다는 것이다.

4. 초연상남-초연하녀 커플의 증가

문희준-소율(13살 차), 배용준-박수진(13살 차), 이병헌-이민정(12살 차), 에릭-나혜미(12살 차) 등. 나이 차이가 10살 이상 나는 초연상남-초연하녀 연예인 커플들을 찾아보는 일은 어렵지 않다. 과거에 이런 경우는 '연예계에서나 가능한' 독특한 사례로 인식되었다. 그러나 초연상남-초연하녀 커플의 미디어 노출 빈도가 올라감에 따라 이와 같은 형태의 연인 관계는 조금씩 정상성을 획득해가고 있는 것 같다.

각종 예능 프로그램에서는 띠동갑이 넘는 나이차를 지닌 남녀를 짝 지은 다음 사랑에 빠지도록 종용한다. 〈연애의 맛〉(TV조선)에는 김정훈-김진아(14살 차), 김종민-황미나(14살 차), 이필모-서수연(14살 차), 구준엽-오지혜 (14살 차), 고주원-김보미(11살 차) 커플들이 등장하며, 〈미운 우리 새끼〉(SBS)에는 김건모(68년생)가 20살 연하의 여성을 차지하기 위해 지상렬(70년생), 김종민(79년생)과 쟁탈

전을 벌이는 장면이 연출되기도 한다. 그렇다면 초연상-초연하 커플은 어떤 방식으로 결합하는가.

〈호구의 연애〉(MBC)는 열 명 남짓의 남녀가 로맨틱한 분위기 속에서 함께 여행을 떠나는 내용의 예능프로그램이다.[10] 출연자들의 연령을 살펴보자. 채지안 29세, 윤선영 28세, 황세온 26세, 지윤미 25세로 여성 출연자들의 나이는 이십대 중반에서 후반 사이에 머무른다. 남성 출연자는 허경환 39세, 박성광은 39세, 장동우 30세, 김민규 26세로 단 한 명을 제외하고는 모두 30대이다. 남성 출연자와 여성 출연자가 최대 14살 차로 벌어진 구성이다.

스튜디오에서 이들의 여행을 지켜보는 패널들은 가장 젊고 잘생긴 김민규(26)가 선전할 것으로 예측하지만, 첫 여행이 진행되는 동안 첫인상 1위와 최종 호감도 1위로 뽑힌 것은 양세찬(35)과 허경환(39)이다. 뜻밖에도 인기 투표 1위의 영예를 안은 것은 고령의 개그맨 두 명이다. 여성들은 이들을 선택한 이유로 센스, 배려심, 리더십, 다정다감한 성격 등을 꼽았다. 나이와 성숙한 인격이 정비례하는 것은 아니지만, 언급된 덕목들은 인간관계의 경험이 쌓여감에 따라 무르익어가는 것이라고 볼 수 있다.

첫인상 투표에서 0표를 받은 박성광(39)은 여행의 후반부로 갈수록 잠재된 매력을 드러내는 것처럼 보인다. 윤선영(28)은 "하나하나

---

10 〈호구의 연애〉(MBC) 1회에서 5회 분을 분석 대상으로 삼았다.

잘 챙겨주고 듬직한 면이 있는 것 같아 이번에 좀 설렌 것 같다"라며 박성광에 대한 호감을 조심스레 드러낸다. 11살 연하의 여자와 핑크 빛 교류를 갖는 데 성공한 요인은 바로 '사려 깊은 성격'이다. 패널들은 "아는 사람만 아는 성광의 세심 배려 스킬이 있는데 그 숨겨진 매력이 나타나면 호구의 연애를 휘젓고 다닐 것"이라고 말하며, 그를 '오래봐야 멋있는 슬로우 매력남' 이라고 평가한다. '숨겨진 매력'을 발견하기 위해 기다리는 일이 가능한 것은 남성을 평가하는 데 외모가 아닌 다른 요소들이 더 중요하기 때문일 것이다.[11]

젊음은 아름다운 외모를 담보한다. 하지만 동시에 미숙함을 내재하고 있기 때문에 남성에게 그것은 종종 단점이 되기도 한다. '멍뭉미'(강아지를 연상시키는 귀여움을 뜻하는 단어)라는 수식어로 간신히 포장되고 있기는 하지만, 실수를 연발하는 막내 김민규의 모습을 볼 때마다 패널들은 함께 불안해한다. 남성의 미숙함은 이성을 비롯한 타인과의 관계맺음에 있어 분명한 감점요인으로 작용한다.

이와 같은 이유로 남성 출연자들의 인기 순위가 엎치락뒤치락하는 반면, 여성 출연자들에 대한 호감도는 대체로 고정적인 편이다. 이는 여성에 대한 호감이 대부분 초반 인상에서 결정된다는 점을 알

---

11 위근우는 '볼매남'이란 단어에 대한 부정적인 인식을 드러내며 "사실 볼수록 매력 있다는 걸 강조하는 건, 한 번에 매력적인 외형이 아니어도 정들 때까지 자주 봐야 한다는 암묵적 강요에 가까워 보인다"고 지적한다.(『경향신문』, 2019)

수 있게 하는 단서이다. '이민정 닮은 꼴' 채지안과 〈얼짱시대〉(코미디TV) 출신 지윤미가 각각 다른 남성들에게 둘러쌓여 삼각관계의 고민에 빠져있는 동안, 프로그램 초반부에 남자들의 시선을 끌지 못한 누군가는 별 이변 없이 게임에서 빠지는 쓸쓸한 뒷모습을 보여준다.

5. 고령 사회의 연애

"연애 프로그램들은 최근까지 굉장히 많았다. 하지만 실제 우리들의 연애에 있어서 저나 제 주변을 살펴보면 공유나 원빈, 현빈 같은 대상은 거의 없었다. 95% 이상의 연애가 우리 '호구의 연애'에 나오는 멤버 같은 오빠나 동생과의 관계에서 생겨난 것 같다. 이런 경험은 시청자도 마찬가지일 것 같다. 이런 오빠나 동생같은 사람들과 학교를 다니고 동아리 활동을 하고 어쩌다 보니까 그 오빠가 멋있어 보이고, (중략) 제작진도 어느 순간 박성광과 양세찬이 너무 잘생겨 보이기 시작하더라. '우리 눈은 이제 망했구나!' 생각할 정도인데 시청자 분들도 저희를 보고 같이 웃으면서 즐기다가 이분들의 매력에 빠져 주시면 좋겠다. 웃으면서 일요일 밤에 잠 드실 수 있을 것 같다"라고 말하며 출연자들에 대한 콩깍지 쓰인 애정을 드러냈다.[12]

---

12 김경희, 「'호구의 연애' 노시용PD "제작진도 어느 순간 박성광 양세찬이 잘생겨 보여, 우리 눈은 망했다!"」, 2019. 04. 26.

〈호구의 연애〉(MBC) 노시용 PD는 프로그램 출연진 구성 배경에 대해 설명한다. 그는 실제 연애에서 원빈, 현빈 같이 잘생긴 사람은 없기 때문에 주위에 있을 법한 평범한 외모의 (남성) 출연자들을 캐스팅하게 되었다고 말한다. 그는 프로그램을 제작하다가 "어느 순간 박성광과 양세찬이 너무 잘생겨 보이"던 경험에 대해 이야기하며 시청자들 역시 그러한 감정에 동화되기를 바라는 마음을 전한다.

노PD의 기획 의도는 충분히 공감이 가능하다. 사람의 매력은 예쁘거나 잘생긴 외모에서만 나오는 게 아니며, 그의 말처럼 평범한 외모를 지닌 출연자는 프로그램의 현실감을 높이는 데 기여할 수 있다. 그러나 여기서 주목할 점은 '원빈, 현빈 같은 남자는 실제로 없다'면서 여성 출연진은 천하일색 미인들로 구성되어 있다는 것이다. '어느 순간 박성광과 양세찬이 너무 잘생겨 보이는' 경험을 시청자들과 공유하고자 한다면, 그와 대칭되는 경험도 함께 제시해야 하지 않겠는가.

성별에 따른 나이/외모 차별이 어제 오늘 일은 아니지만, 최근 미디어에서 이러한 경향이 두드러지는 것도 사실이라 할 수 있다. 결혼 연령대가 상승하면서 과거보다 고령의 싱글 남녀가 많아진 데 비해, 여전히 연애/결혼이 가능한 것으로 여겨지는 쪽은 남성이다. 이때 남성의 파트너가 될 수 있는 것은 젊은 여성으로 국한된다. 따라서 여성의 나이 듦과 남성의 나이 듦은 매우 다른 의미를 지닐 수밖에 없다. 우리 의식 속 비대칭적 구조를 자각하는 것이 논의의 시작이 될 것이다.

뉴미디어 시대 속 '참교육' 콘텐츠와
현대인의 의식 구조

1. '참교육'의 시대

 최근 젊은층 사이에서는 '참교육'이라는 단어가 빈번히 사용된다. 과거 '전국교직원노동조합'의 핵심 이념이었던 '참교육'은 뉴미디어 시대의 자장 안에서 재전유된다. 인터넷, SNS 등 각종 매체에서 통용되는 이 단어는 '사회적 비난의 대상이 되는 사람에 대한 응징'을 뜻한다. 무례하고 얄밉거나 도덕적 결함이 있는 대상을 향한 보복을 감행하여 보는 이들로 하여금 통쾌한 기분이 느껴지게 만드는 상황에서 주로 이 단어를 사용한다. 대표적으로 '편의점 진상 손님 참교육', '불륜녀 참교육', '일진 참교육하고 영웅된 이야기' 등의 용례가 있다.

각종 매체에서는 '참교육'을 메인 키워드로 하는 콘텐츠들이 양산되고 높은 조회수를 기록한다. 포털 사이트 네이버를 기준으로 '참교육' 키워드의 월간 검색량은 약 116,000건이며, 관련 콘텐츠 발행량은 블로그 1,160건, 카페 1,430에 달한다.[1] 누군가를 '참교육'하는 내용을 중심으로 한다는 사실만으로도 수용자를 유인하는 효과가 있는데, 예컨대 2021년 4월 SBS에서 방영된 〈모범택시〉는 '학교폭력 가해자를 참교육'하는 내용의 드라마로 홍보되며 순간 시청률 약 18%에 달하는 인기를 누렸다. 네이버 웹툰 〈참교육〉은 제목에서부터 콘텐츠의 성격을 드러내며 독자들의 관심을 끄는 데 성공했다. 참교육 콘텐츠는 이제 하나의 장르로 자리매김했다고 해도 과언이 아닐 것이다.

선한 쪽이 승리하고 악한 쪽이 벌을 받는다는 의미에서 참교육 콘텐츠는 본질적으로 권선징악 서사이다.[2] 권선징악은 동서고금을 막론하고 많은 스토리에서 찾아볼 수 있는 관습적 서사구조다. 극 안에서 선과 악은 팽팽하게 대립하다가 후반부로 가면서 균형이 깨어진다. 악이 선에게 패배하는 모습을 보며 수용자는 일종의 카타르시스를 느끼는데, 여기에는 우리가 살고 있는 세계가 정의롭고 질서정연하다는 것을 확인하는 데서 오는 안도감이 깔려있다. 다시 말해, 권선

---

[1] https://blackkiwi.net/service/keyword-analysis?keyword=%EC%B0%B8%EA%B5%90%EC%9C%A1, 2022.1.30.

[2] 김경애, 「한국 근대소설의 형성과 '권선징악'」, 숙명여자대학교, 박사학위논문, 2008.

징악 서사는 세계의 '질서' 체계를 반영한다. 이를 살펴보는 것은 사람들 사이에 통용되는 암묵적 규율을 이해하는 데 도움이 된다.

그런데 이 질서는 시대에 따라 다른 양상을 지닌다. 예컨대 「흥부놀부전」에서는 부자가 벌을 받고 가난한 자가 상을 받는다. 이는 청렴, 겸양, 나눔과 같은 가치가 선으로 여겨지던 당시 사회 풍조를 반영한다. 과거에는 가난한 이웃을 돌보지 않고 홀로 재산을 축적한 사람에 대한 곱지 않은 시선이 있었기에[3] 욕심을 부리다가 벌을 받는 부자들이 옛 이야기에 자주 등장한다. 반면 약 223만회 조회수를 달성한 웹드라마 〈엄카로 1500 몰래 긁어서 명품 산 금수저병 친구의 최후〉에는 '부유한 척'하는 여자가 등장한다. 여자는 알고 보니 '돈이 많지 않다'는 사실이 친구들에게 까발려져 망신을 당한다.[4] 현대사회에서는 부유함 자체가 선으로 여겨지기 때문에 그렇지 않은 쪽이 악이 된다.[5]

---

3 송소라, 「〈흥부전〉에 내재된 권선징악의 함정-'富者'와 '貧者'를 향한 당대의 요구」, 《어문학》 138호, 2017, 299~331쪽.

4 이는 최근 이슈가 되고 있는 유명 유튜버의 '짝퉁 논란'도 결을 같이하는데, 금수저 이미지로 인기를 끌어왔던 A씨가 착용한 명품이 가품이었다는 사실이 밝혀지자 네티즌들이 몰려가 악플을 다는 등 직접 그녀에게 '참교육'을 시행한 것이다. 그녀에 관한 기사 아래에는 '진짜 금수저들은 자존감이 높아 허세를 부리지 않고 예의를 지킨다'와 같은 내용의 댓글이 달렸다. 사람들이 그녀를 비난하는 것은 위조품 소비의 비윤리성 때문이기도 하지만, '금수저인 줄 알고 좋아했는데 알고 보니 평범한 사람이었다'는 데서 오는 배신감이 더 크다고 볼 수 있다.

5 기정아, 「프리지아가 쏘아 올린 '금수저 인플루언서' 논란」, 《이투데이》, 2022. 01. 21.

권선징악 서사가 당대의 분위기를 반영한다는 것과 더불어 중요한 것은 이것이 선악에 대한 대중들의 인식을 재생산한다는 것이다. 사람들은 권선징악 서사를 보며 선악의 유형을 학습한다. 특정 유형 인물을 '비난받아 마땅한 사람'으로 인식하게 만든다는 것이다. 이는 사회적 갈등과 혐오를 조장할 위험이 있는데, 이러한 점에서 '참교육 콘텐츠'는 과거 권선징악 서사에 비해 더 심각한 문제를 지닌다. 단편화되고 자의적이며 혐오를 가볍게 소비하기 때문이다.

예컨대 기존 권선징악 서사인 〈베트맨〉 시리즈에서 우리는 사랑과 배려, 미움과 증오 같은 보편적인 가치를 떠올린다. 살인, 방화, 도시 파괴를 저지르는 '조커'는 악인으로서 충분한 조건을 가지고 있다. 그는 보편타당한 법칙에 따라 처벌받는다. 반면 '참교육 콘텐츠' 속 악인들은 비교적 사소한 잘못을 저지른 사람들이다. 이들의 잘잘못은 자의적이고 단편적인 기준으로 판단되며, 항변의 기회도 없이 즉각적인 응징이 뒤따른다.

참교육 콘텐츠는 권선징악 서사의 일종이나, 기존의 그것과는 형식적, 내용적 측면에서 차이가 있다. 본고는 '참교육 콘텐츠'를 분석함으로써 현대인들의 의식 저변을 살펴보고, 이것이 지닌 문제점에 대해 고찰하는 것을 목적으로 한다. 이는 '참교육 콘텐츠'가 무분별하게 생산/소비되는 현대 사회에 경각심을 일깨운다는 의의가 있다.

2. '참교육 콘텐츠'의 개념

 본고의 중심 논의 대상인 '참교육'은 애초에 단어가 등장했던 1980년대와 비교하여 쓰임새가 달라졌기 때문에 '신조어'처럼 취급되는 면이 있다. 젊은층 사이에서 통용되고 있으나 아직까지 이를 정의하고 있는 공식적인 자료는 찾기 어렵다. 따라서 이 단어를 정의하기 위해 귀납적 방식의 접근이 필요했는데, 최근 여러 신문 기사나 칼럼 등에서 공통적으로 다음과 같이 언급하고 있다.

 '참교육'은 "불법적, 비도덕적, 비매너 행위를 한 사람에게 이에 상응하는 대가를 치르게 하는 상황에서 사용된다. 시원하고 통쾌하게 제대로 '교육' 시켰다는 의미이며 중고차 허위 매물, 불법주차, 일진의 학교폭력 등이 참교육이 이루어지는 대표적인 상황"이다.[6] 즉, '참교육 콘텐츠'는 사회적 불편감을 야기한 사람에 대해 사적으로 보복하는 내용의 서사가 담긴 콘텐츠를 말하는 것이다.

 본래 '참교육'은 '참-'이라는 접두사에 '교육'이 결합한 파생어로 '참되고 올바른 교육'이라는 뜻을 가지고 있으나, '참교육 콘텐츠'에서는 다소 폭력적인 맥락에서 사용되는 경우가 많다. "남에게 피해를 주거나 지켜야 할 선을 넘는 사람에게 물리적, 금전적, 법적 방식

---

6 김한수, 「허위 매물과 참교육」, 《대한경제》, 2021. 09. 08.

등으로 제재를 가했다는 내용[7]들이 대부분인데 상대방을 옳은 방향으로 계도하려는 것보다 복수가 목적이기 때문이다. 참교육 콘텐츠에는 여러 유형이 있는데, 자신이 직간접적으로 경험한 사례를 후술하는 형태의 글인 '참교육썰', 작가의 상상력을 바탕으로 만들어진 웹툰 영상툰 웹드라마와 같은 창작물, '조두순 자경단'과 같이 실제 인물을 응징하는 모습을 담은 고발영상물 등이 있다.

3. '참교육'의 등장

'참교육'은 애초에 '전국교직원노동조합'의 핵심 이념으로 사용되며 사람들에게 널리 알려지게 되었다.[8] 전교조는 1980년대 말 교육민주화 운동의 일환으로 탄생한 조직이다. 사회민주화운동의 물결이 거세게 일던 1980년대 당시 교육현장에서는 우리의 척박한 교육 현실을 걱정하고 바로잡고자하는 사람들이 생겨났다. 이들은 학교현장과 지역에서 소모임 형태로 발전해나가다가 1986년 교육민주화선언을 기점으로 국민들에게 존재를 각인시키게 되었다.

교육민주화선언은 사회 각층이 참여하고 있던 반독재민주화투쟁

---

7 김석, 「'참교육 사이다 썰'이 불쾌하게 느껴지는 나, 예민한가요?」, 《에스콰이어》, 2022. 01. 29.
8 「教師(교사)들의 「참교육」 목소리」, 《동아일보》, 1988. 11. 21.

전선에 교사들이 합세함을 공표하는 의미가 있었고, 또한 교육문제를 우리 국민이 함께 해결해야할 중요한 과제로 제시한다는 의의가 있었다. 이들의 구호는 비민주적이고 비인간적인 교육 풍토에 곪아가고 있던 전국의 교사, 학생, 학부모들 사이에서 널리 퍼져나갔다.[9] 당국에서 참교육 이념을 '좌경 의식화 교육'이라고 규정하며 확산을 저지하였기 때문에 이들의 행보가 순탄치만은 않았다.[10] 그러나 수많은 투쟁 끝에 1989년 5월 전교조가 정식으로 결성되었다.

이들에 따르면 참교육이란 "모든 아동의 정신과 육체에 깃들어 있는 생명력과 잠재된 가능성을 창조적으로 키우고 전면적으로 발휘할 수 있게 하는 교육이다. 능력있고 선택된 소수의 학생들뿐만 아니라 모든 학생들의 인간다운 삶을 위한 교육, 즉 나 혼자만의 이기적인 삶이 아니라 이웃과 더불어 함께 살아가는 공동체적인 삶의 가치를 소중히 여기는"[11] 교육이다. 잘못된 교육제도, 입시 경쟁 교육, 교사와 학부모 사이의 서먹서먹한 관계, 교사의 무권리 상태와 신분 불안 등의 문제를 해결하고 전인적인 교육으로 거듭나야한다는 것이 이들의 주장이었다. 이는 민족·민주·인간화 교육으로 표방

---

9 이철국, 「특별기획 전교조-참교육을 위한 투쟁과 시련의 2년」, 《역사비평》 14호, 1991, 331쪽.
10 「'참교육' 실천意志(의지)에 돌을 던지지말자」, 《경향신문》, 1989. 06. 24.
11 이철국, 앞의 논문, 356쪽.

된다.[12]

당시 전교조 투쟁은 "세세한 전술 측면에서의 시행착오를 제외한다면 전교조가 견지한 운동 노선은 시대의 요구에 부응했다고 볼 수 있다. 촌지 거부, 일제 보충 수업 반대, 강제 야간 자율학습 반대 등 죽어가는 아이들을 살리는 참교육 운동은 국민의 지지"[13]를 받았다. 전교조는 합법화 이후 "조합원 수가 9만 명에 이르는 폭발적 확대에 힘입어 조직을 크게 팽창시켰고 전교조 위상 또한 무시할 수 없는 존재감"[14]을 갖게 되었다.

그러나 이런 고무적인 현상이 언제까지나 지속되지는 않았는데, "2000년대 초반 신자유주의 교육모순의 심화라는 중대한 객관적 요인을 한층 부각시키는 계기였음에도 여전히 대중 운동 노선이 채택되지 않았다"는 문제가 있었다. 한국 사회의 교육모순이 심화되는 현실 앞에서 "전교조는 교육운동 대안세력으로서 비전을 제시하지 못한 채, 무기력한 모습을 보였고 존재감도 크게 약화되어" 갔다. 일각에서는 "국민들에게 전교조가 이익집단으로 변질되었다"는 평가를 하기도 하였다.[15]

---

12 위의 논문, 327~361쪽.
13 하성환, 「전교조 운동 노선에 대한 비판적 제언」, 《뉴레디컬리뷰》 61호, 2014, 138쪽.
14 위의 논문, 140쪽.
15 위의 논문, 140~141쪽.

4. 인터넷 공간에서의 재전유

'참교육'이 인터넷 용어로 탈바꿈할 계기가 마련된 것은 2천년대 초반이다. 조선일보 기사에 따르면 2001년 마산종합운동장 야구장에서 삼성과 롯데의 경기가 벌어지고 있었는데, 삼성 투수 배영수로 인해 어떤 문제가 생기자 롯데 타자 펠릭스 호세가 주먹을 휘두른 사건이 있었다. 그런데 그 이후 뜬금없이 펠릭스 호세에게 구타당한 배영수의 경기 실력이 향상되는 결과가 발생했다는 것이다. 이에 인터넷 커뮤니티 '디시인사이드 야구 갤러리'에서는 '호세 선수의 주먹이 배영수 선수에게 깊은 깨우침을 주었다'는 주장이 제기되었고 이를 '참교육'이라 불렀다.[16] 이것이 '밈(meme)'으로 사용되면서 젊은 층 사이 큰 인기를 끌었다.

'폭력을 참교육에 빗대는 게 부적절하다'는 여론 때문에 초기에는 사용이 저지되기도 했던 이 용어는 어떻게 '밈'이 되었을까. 이를 알기 위해 용어가 재탄생한 장소에 주목해볼 필요가 있다. '디시인사이드'는 젊은층이 이용하는 범우파 성향 커뮤니티다. 이곳에서는 무규율적이고 다양한 담화들이 오가는 동시에, 586운동권으로 대변되는 과거 진보세력에 대한 부정적인 메시지들이 자주 발견된다. 근

---

16 문현웅, 「〈디테일추적〉 알파고가 시전한 '참교육'을 알아보자」, 《조선일보》, 2017. 05. 29.

래 청년 보수화 현상을 체감할 수 있는 공간이라 할 수 있다.[17] 좌파 성향 단체인 전교조의 이념이 이곳에서 재전유되었다는 사실은 아이러니하다. 우파 청년들이 좌파 이념을 '밈'화한 데는 어떤 이유가 있었을까.

"학생들이 만나는 전교조 교사들 중에서 말로는 참교육을 외치면서 실제로는 자신을 체벌하는 선생님들 이런 사람들을 자주 접하다 보니까 전교조의 참교육도 결국에는 이거 내로남불 아니냐, 이렇게 이제 비꼬다 보니까 그런 게 참교육을 비꼬는 흐름의 하나로 자리 잡게"되었다는 주장은 해답의 단초를 제공한다.[18] 젊은층의 시선으로 바라볼 때 우리 교육 현장은 많은 모순점을 가지고 있다. 드라마 〈스카이캐슬〉 열풍에서 알 수 있듯 지금 우리 아이들은 기형화된 입시 문화 속에서 극단으로 내몰리고 있다.[19] 참교육 이념은 한때 입시 위주, 획일성, 삭막함을 탈피하고 전인적인 교육을 지향함으로써 대중들의 지지를 받았으나, 그것이 현재 아이들에게는 큰 감흥을 주지 못하는 셈이다.

실제로 참교육 콘텐츠에서 많은 비중을 차지하는 소재 중 하나는

---

17 송민수, 「한일 넷우익 사이트와 혐한 반일 의식 니찬네루 재특회와 디시인사이드 일베 저장소를 중심으로」, 《영상문화콘텐츠연구》 10, 2016, 127~148쪽.

18 「참교육의 이율배반적인 역사」, 《노컷뉴스》, 2020.12.19.

19 천정환, 「드라마 스카이캐슬과 신재민 사건에 나타난 학벌계급가족」, 《역사비평》 126호, 2019, 423~450쪽.

학내갈등이다. 학내 갈등을 '참교육'으로 해결하는 서사에는 실제 교육현장에서 학생들이 느끼는 결핍이 고스란히 드러나 있다. 〈일진이 패드립을 하자 교실에서 일진을 참교육 해버린 찐따〉, 〈돈 없다고 묘하게 시녀 취급하는 금수저 친구 참교육〉 등의 콘텐츠들은 고교생 사이에서 벌어지는 신체적/정서적 폭력을 다룬다. 이러한 문제들은 교육 현장의 허점을 드러낸다. 전인적인 교육과 규율을 통해 해결되어야 할 문제가 방치된 현장에서 아이들은 사적 보복을 꾀하는 것이다. 정리하자면, 참교육 용어의 등장에는 진정한 의미에서의 '참교육'이 부재하다고 느끼는 현시대 청년들의 심리가 반영되어 있다고 볼 수 있다.

5. 서사의 단편화

참교육 콘텐츠가 이전의 권선징악 서사들과 다른 점 중 하나는 '단편화'된 경향을 보인다는 것이다. 「사씨남정기」와 같은 고소설에서부터 〈다크 나이트〉 같은 할리우드 영화까지 권선징악을 주제로 하는 콘텐츠들은 대부분 장편 서사 양식을 취하고 있다. 이들은 기승전결이 명확하며 사랑, 평화, 정의 등의 보편적인 가치를 내재하고 있다는 특징을 지닌다.

반면 인터넷에서 흔히 접할 수 있는 참교육 콘텐츠들은 분량이 아주 짧고 분절된 세계관을 보여준다. 한 페이지 이내의 글 또는 10분 내외의 영상들은 어떤 보편적인 가치를 담기보다는 아주 단편적인 상황을 제시하는 데 그친다. 등장인물들은 총체적인 맥락 안에서 고려되지 않고, 특정 상황에 한정해서 악인의 역할이 부여된다.

> 제목: 오늘 피시방에서 티모충 팼다.txt
> 오늘 피시방에서 롤 하는데 옆자리 초딩새끼가 꽥꽥거리면서 롤 하는거 아니겠노
> 그냥 무시하고 은근슬쩍 옆눈으로 힐끗봤는데 초딩새끼가 티모하길래 의자 자빠링 시켜서 넘어뜨린 뒤에 머리 존나게 때렸다.
> 곧이어 알바생이랑 주변 사람들 막 말리길래 내가
> "이 새끼 티모충이다"라고 하니까
> 다들 자리에 앉더라
> 그 자리에서 바로 바지벗기고 집에 보냈다.
> 지금 집인데 아직도 화가 안 풀린다.[20]

〈pc방에서 티모 참교육한 썰〉은 PC방에서 특정 게임 캐릭터 플레이어를 '참교육'한 이야기다. '티모충'은 모 게임에서 '티모'라는 캐

---

20 https://gall.dcinside.com/mgallery/board/view/?id=singlebungle1472&no=402896, 2022. 01. 30.

릭터를 플레이 하는 사람을 부르는 멸칭이다. 이야기의 필자는 옆자리 초등학생이 '티모충'이라는 이유로 구타한다. 고작 5문장으로 상황을 설명한 이 사례는 참교육 콘텐츠의 단편화된 경향을 극단적으로 보여주고 있다. 이렇게 이야기가 작은 단위로 쪼개지는 것을 보고 우리는 아즈마 히로키가 설명한 '거대서사의 조락'을 떠올릴 수 있다.

아즈마 히로키에 따르면 "하나의 커다란 사회적 규범이 유효성을 잃고 무수한 작은 규범의 밀림으로 교체되는" 과정은 '커다란 이야기의 조락'이라고 불리며 포스트모던 사회를 결정짓는다. 커다란 이야기가 지배하는 시대였던 근대와 달리 포스트모던에서는 "커다란 이야기가 여기저기에서 기능부전을 일으키고 사회 전체의 결속이 급속히 약화"된다.[21] 이런 분열적인 세계관은 서사의 형식에도 반영되는데, 아포리즘이 숨어있는 장편 소설을 탐구하던 시대는 지나가고 초단편 소설이 유행하게 되었다든가, 1시간짜리 예능프로그램을 시청하기 위해 TV 앞에 앉아있기보다는 잘게 쪼개어진 클립 영상을 핸드폰으로 보는 현상을 예로 들 수 있다. 마찬가지로 권선징악 서사 역시 장편에서 단편 서사로 옮겨왔다고 볼 수 있다.

아즈마 히로키의 이론을 증명할 또 다른 사례는 웹드라마 제작사

---

21 아즈마 히로키, 『동물화하는 포스트모던』, 이은미 역, 문학동네, 2007, 59~60쪽.

'팡팡스튜디오'의 참교육 콘텐츠 시리즈다.[22] '사이다 참교육 1시간 24분 동안 몰아보기'라는 제목으로 묶인 7개의 영상은 여학생들 간의 묘한 심리전을 다룬다. 매회 다른 성격의 악인이 등장하여 보기 불편한 행동을 하다가 다른 친구들로부터 응징당하는 내용이다. 영상 길이는 회 당 10~15분 정도로 짧은데, 흥미로운 점은 각 영상에 등장하는 인물들의 세계관이 느슨하게 연결되어 있다는 점이다. 각 영상마다 4~5명 정도의 인원이 등장하는데 총 13명의 출연자가 돌아가며 역할을 맡는다. 이때 출연자들의 이름은 고정되어 있기 때문에 다른 콘텐츠와의 관계성을 고려하기 쉽다.

예컨대 '가연'은 〈사이다 노빠꾸로 일진 참교육〉, 〈임신 소문내며 이간질하는 허언증 친구 참교육〉에서 공통적으로 과거 왕따 경험이 언급된다. 리안은 〈사이다 노빠꾸로 일진 참교육〉, 〈수능 잘봤다고 자랑질하는 허세충 참교육〉에서 부유한 가정환경을 지닌 것으로 언급된다. 연지는 〈친구 무리에서 날 시녀취급하는 서열 1위를 참교육 했다〉, 〈수능 잘봤다고 자랑질하는 허세충 참교육〉에서 온순하고 조금 가난해 보이는 캐릭터로 나온다. 윤주는 〈친구 무리에서 날 시녀취급하는 서열 1위를 참교육 했다〉, 〈사이다 노빠꾸로 일진 참교육〉에서 힘 센 친구에게 아부하는 얄미운 성격으로 나온다. 비록 완벽하게 같지는 않지만 이 불연속적인 콘텐츠들에서는 학교라는 '배경'과

---

22 https://www.youtube.com/c/PANGPANGSTUDIO, 2022.01.30.

'등장인물'의 이미지가 어느 정도 공유되고 있는 것을 알 수 있다.

아즈마 히로키는 포스트모던 사회를 설명하면서 데이터베이스론을 주장했는데 데이터베이스론이란 어떤 중심적인 서사가 존재하는 것이 아니라 세계관과 캐릭터만 공유한 채로 작은 이야기들을 만들어내는 것을 말한다. 이미 "세계 전체가 공감할 수 있는 커다란 이야기는 이미 소멸"해버렸기 때문에 큰 덩어리에서 떨어져 나온 지엽적이고 단편적인 이야기를 소비하는 것이다.[23] 이는 분절적이고 파편적인 포스트모던의 특징을 고스란히 반영한다. 현대인들은 한 인간의 삶 전체를 조망하기보다는 극히 일부를 떼어내서 바라보는 습관을 가지게 되었다. 제시하고 있는 참교육 콘텐츠 각 영상들은 단순히 길이가 짧을 뿐만 아니라 그로 인해 삶의 한 단면만을 보여준다. 이는 최근 참교육 콘텐츠가 지니고 있는 총체성 결여의 문제를 지적하고 있다.

6. 자의적 기준과 마녀사냥

총체성 결여로 인해 발생하는 문제는 선악의 구분이 지극히 편협한 시각에 의해 이루어진다는 것이다. 현상의 이면에 있는 또 다른 진실을 외면한 채 섣불리 판단하게 되기 때문이다. 1절에서 설명하

---

23 아즈마 히로키, 앞의 책, 236쪽.

였듯이 커다란 사회적 규범이 유효성을 잃으면서 생겨난 무수한 작은 규범들은 서로 배타적인 양상을 보이기도 한다.

웹드라마 〈한국 개무시하는 애플빠 미국병 참교육〉에는 자신의 영어 실력에 자부심을 느끼는 유학파 여학생이 등장한다. 그런데 알고 보면 이 여학생이 미국에 거주한 기간은 1년도 채 되지 않는다. 친구들은 그 사실을 까발리며 여학생에게 망신을 준다. 이 콘텐츠는 조회수 약 143만회를 달성하며 시청자들의 호응을 얻었다. 그런데 댓글 창에서는 유학파 여학생과 같은 유형의 사람을 비난하는 의견이 상당수 있는 한편, '나는 가만히 있었는데 유학을 다녀왔다는 이유로 왕따를 당한 적이 있다'며 여학생의 상황에 감정이입하는 댓글도 눈에 띄었다.[24]

또 〈키부심 오지게 부리는 허세충 친구 참교육〉에서는 170대의 신장을 가진 여학생이 자신보다 키가 작은 친구를 무시하는 듯한 태도를 보이다가 응징 당한다. 댓글 창에서는 이와 반대되는 상황을 경험한 사람들에 의해 '키작부심(키가 작은 것에 자부심을 느끼는 것)을 저격하는 콘텐츠도 만들어 달라'는 요청이 빗발쳤다.[25] 이와 같은 사례들은 자신이 처한 입장에 따라 같은 사안에 대해서도 다른 시각을 보일 수 있음을 알려준다. 선악의 규정은 주관적이고 자의적인 판단

---

24 https://www.youtube.com/watch?v=wbj_m5nRxuE&t=4s, 2022. 01. 30.
25 https://www.youtube.com/watch?v=l0UV7bp2ckU&t=231s, 2022. 01. 30.

에 의해 이루어진다.[26]

참교육 콘텐츠에서 응징의 대상이 되는 사람들을 살펴보자. '자꾸 시비 거는 여우 친구', '돈이 있으면서 남에게 얻어먹는 친구', '허세 부리는 친구', '공주병', '식당에서 민폐 끼치는 아이 엄마', '길거리에서 고양이 밥을 주는 사람', '예의 없는 택시기사', '팀플에 불성실하게 참여하는 외국인 학생', '주차장에서 타인을 배려하지 않는 차주', '성적으로 문란한 사람', '지하철에서 다리를 벌리고 앉는 아저씨', '담배 피우는 양아치'……. 이들은 타인의 기분을 나쁘게 했다는 점에서 악인이 된다. 그러나 이들을 처벌할 만한 법적/객관적 근거는 부족하다.

자의적 기준에 대한 정당성을 얻기 위해 택하는 방법은 공공의 분노를 부추기는 것이다. 자신이 분노하는 대상에 대해 다른 사람들도 함께 돌을 던지도록 유도한다. '조리돌림'은 21세기의 대중적이고 집단적인 '명예형'이라고 할 수 있는데, 누군가를 공개적으로 비난하면서 배타적인 공동체성을 구축하고 그 공동체 내부 규범을 강화시킨다는 특성이 있다.[27] 인터넷 공론장 속 사람들의 승인 하에 사적

---

26 이러한 문제점은 현실에도 그대로 적용된다. 예컨대 아이돌 그룹 내 불화설이 불거졌을 때 어느 한 쪽 입장에 따라 피/가해자가 정해지고, 가해자로 지목된 사람이 네티즌으로부터 악플 세례를 받는 등 '참교육' 당한다. 그러다가 어느 순간 사건과 관련해 숨겨져 있던 다른 맥락이 드러나면서 피/가해자의 위치가 역전되고, 이번에는 다른 쪽이 '참교육' 당하는 사태가 벌어진다. 관점의 차이에 따라 악의 규정이 달라지는 모습이다.
27 손희정, 「혐오의 시대-2015년, 혐오는 어떻게 문제적 정동이 되었는가」, 《여/성이론》 32, 2015, 12~42쪽.

응징은 정당성을 얻고, 특정 인물 또는 행위에 대한 배타적인 태도가 이들의 규범으로 자리 잡게 된다. 이러한 과정을 통해 악에 대한 주관적 인식은 객관적인 것으로 둔갑하게 되는 것이다.

이는 현대식 마녀사냥에 해당한다. "현대식 마녀사냥 현상이 과거의 원류와 일치하는 점은 죄가 없는 무고한 사람을 명확한 근거 없이 의심만으로 죄인으로 취급해 피해를 입힌다는 점이다. 이러한 낙인은 사법기관이 준수하고자 노력하는 무죄 추정의 원칙과는 달리 사법적 판결 전에 미리부터 '죄인'으로 취급된다는 데 법적 윤리적 문제가 있다."[28] 명확한 기준 없이 자의적으로 행해지는 선악의 구분은 심각한 폭력을 유발한다.

7. 유머로 둔갑한 혐오

참교육 콘텐츠의 또 다른 특징은 유머가 가미되어 있다는 점이다. 권선징악 서사는 윤리적이고 교훈적인 성격으로 인해 비장하고 엄숙한 분위기를 나타내는 경우가 많다. 그런데 참교육 콘텐츠는 상황을 희화화해서 가벼운 웃음을 끌어낸다.

---

28 정운갑, 「온라인 매체상의 현대식 마녀사냥 이슈와 '유사언론 행위' 간 법적 윤리적 논쟁에 대한 고찰」, 《한국콘텐츠학회논문지》 18권, 7호, 2018, 1~9쪽.

사진에 나온 아재가 쉬는 공간을 매일 이용하는지 직접 집에서 가져온 건지 어디서 구했는지 모를 리모콘으로 지가 좋아하는 드라마 계속 최대 음량으로 틀어놓는 거 아니겠어?

(중략)

티비 확 꺼버림 ㅋㅋㅋ 그러니까 요놈이 "뭐야 X발" 하면서 리모콘으로 다시 켜더라 ㅋㅋㅋ

그래서 다시 꺼버림 ㅋㅋㅋ 이놈이 분명 리모콘은 지가 들고 있는데 영문을 알 수 없으니 지 리모콘만 꽉꽉 때림 ㅋㅋㅋ

(중략)

그리고 끝내 열차 오고 외부입력으로 필살기 꽂아주고 왔어 ㅋㅋ 열차 출발하는데 노땅이라 외부입력에 혼비백산 ㅋㅋ

그렇게 어제 정의를 실현하고 왔당 ㅋ[29]

인용문은 〈틀딱 참교육〉 일부를 발췌한 것이다. 젊은 청년이 노인을 '참교육'하는 이야기다. 이 글에 따르면 노인은 지하철 역사에 있는 TV를 자기 것처럼 이용하며 볼륨을 높여 주변 사람들을 불편하게 한다. 이를 못마땅하게 여긴 필자는 자신의 핸드폰 기기를 이용해 TV를 끄는 장난을 치고, 당황한 노인의 모습을 몰래 카메라에 담는다. 게시물에는 TV를 다시 켜려고 애쓰는 노인의 모습이 담긴 사

---

29 https://www.dogdrip.net/227796011, 2022. 01. 31.

진이 첨부되어 있다.

이 콘텐츠의 웃음 유발 요인은 어디에 있는가. '우월성 이론'에 따르면 사람들은 다른 사람과 비교해 자신이 더 낫다고 생각할 때 기분이 좋아져 웃음이 나온다.[30] TV가 꺼진 원인을 몰라 우왕좌왕하는 노인의 모습은 글을 읽는 젊은 수용자들에게 우월적 지위를 부여한다. 디지털 기기에 취약한 노인을 보고 수용자들이 지적 우월감을 느끼는 것이다. 이러한 심리는 노인의 신체적 퇴화를 떠올리게 하는 '틀딱'이라는 혐오표현[31]에서도 찾아볼 수 있다. 필자는 노인을 도태된 존재로 묘사하며 웃음을 유발한다.

누가 옆에서 어리숙한 한국말로 말을 걸더라.
"저기효. 혹씨 구닌 이세효?"
취기 어린 내 눈깔로 어림잡아 봤을 때는 40대 초중반의 동남아 계열 아줌마였음. (중략)

얼굴에 스킨로션은 고사하고 썬크림도 안 바르고 다니는지 피부 전체가 푸석한 진한 갈색빛을 띄더라. 그 와중에 머리랑 입술은 버건디로

---

30 김지혜, 『선량한 차별주의자』, 창비, 2019, 83~99쪽.
31 김경희, 조연하, 배진아, 「인터넷 혐오표현 대응방안에 관한 탐색적 연구 : 노출경험 사례 및 전문가 심층인터뷰 분석을 중심으로」, 《한국콘텐츠학회논문지》 20권, 2호, 2020, 499~510쪽.

깔 맞춤 돼 있었음.[32]

〈도를 아십니까 참교육한 썰〉에는 필자가 길을 가다가 포교 활동하는 사람을 만난 에피소드가 나와 있다. 여기서 포교 활동가의 말투와 외모는 우스꽝스럽게 표현된다. 여기에는 동남아인을 비하하는 인종차별적 맥락이 끼어든다. 필자는 포교 활동가를 열등한 존재로 묘사하며 유머를 시도한다. 이러한 유머 구사 방식은 참교육 콘텐츠에서 익숙하게 찾아볼 수 있다. 왜냐하면 참교육 콘텐츠에서는 능력이 뛰어나거나 극악무도한 사람이 아닌 나보다 모자라 보이는 사람을 응징의 대상으로 삼는 경우가 많기 때문이다. 그러나 이는 남을 비하하며 자존감을 추구한다는 점에서 비윤리적이다.

참교육 콘텐츠 속 유머의 또 다른 문제점은 폭력에 대한 경각심을 마비시킨다는 것이다. 〈틀딱 참교육〉에서 필자는 윤리적 평가에서 자유로울 수 없다. 노인이 공공 에티켓을 지키지 않은 것은 사실이지만 그렇다고 해서 필자의 행동에 정당성이 생기지는 않는다. 필자는 의도적으로 노인을 곤란에 빠뜨려 그를 조롱하고 몰래 사진을 찍어 인터넷 게시판에 공개하기까지 했다. 그럼에도 불구하고 이 게시물은 117개의 '좋아요'와 97개의 긍정적 댓글 반응을 얻었다. 커뮤니티 내부의 사람들은 노인에 대한 폭력을 유희적인 방식으로 소비

---

32 https://www.dogdrip.net/190155378, 2022.01.31.

하고 있었다. 만일 여기서 누군가가 문제를 제기한다면 그는 분위기에 맞지 않는 진지한 이야기로 흥을 깨는 사람 취급을 받게 된다.

유머는 설득을 위한 좋은 도구이다.[33] 연구에 따르면 유머로 인해 발생하는 즐거움은 발신자에 대한 신뢰와 호감도를 높인다. 수신자는 유머러스한 메시지를 전달받았을 때 그에 대해 긍정적으로 받아들일 가능성이 높다.[34] 그런데 한편으로 이는 수신자의 비판의식을 약화시킨다는 점에서 문제가 있다. 유머가 혐오 정서가 결합했을 때 수용자들이 무비판적으로 그를 승인할 가능성을 높여준다는 것이다. 참교육 콘텐츠에서의 유머는 이와 같이 부정적인 측면에서 바라볼 수 있다.

8. 참교육의 일상에서 벗어나기 위하여

지금까지 참교육 콘텐츠의 생성 배경과 특징에 대하여 살펴보았다. 참교육 콘텐츠는 기존 권선징악 서사와 다른 특징을 지니고 있다. 우선 '단편화' 경향이다. 참교육 콘텐츠는 분량이 매우 짧으며 분절적인 세계관을 가지고 있다. 이는 총체성이 사라지고 작은 이야기

---

[33] Robin L. Nabi, Emily Moyer-Gus, Sahara Byrne, All Joking Aside: A Serious Investigation into the Persuasive Effect of Funny Social Issue Messages, Communication Monographs, 74, 2007, 29~54쪽.

[34] Jody C Baumgartner, Humor on the Next Frontier: Youth, Online Political Humor, and the JibJab Effect, Social Science Computer Review, 25, 3, 2007, 319~338쪽.

들을 소비하는 포스트모던 시대의 특징을 반영한다.

이는 선악에 대한 '자의적 판단'의 문제로 이어진다. 참교육 콘텐츠는 너무 짧기 때문에 삶의 어느 한 단면만을 보여줄 수밖에 없다. 이때 수용자들은 전체 맥락을 고려하지 않은 채 섣불리 선악을 구분하게 된다. 자의적 기준에 정당성을 얻는 방법은 공공의 분노를 부추기는 것이다. 그런데 이는 현대식 마녀사냥에 해당한다.

참교육 콘텐츠의 또 다른 특징은 유머와 관련된 것이다. 참교육 콘텐츠는 주로 가벼운 웃음을 유발한다. 여기서 유머는 타인에 대한 우월감을 전제로 한다는 점과 폭력에 대한 경각심을 마비시킨다는 점에서 윤리적인 문제가 있다.

'참교육'은 이제 인터넷 세계뿐만 아니라 일상생활에서도 자주 접할 수 있는 단어가 되었다. 과거에 '악당'은 영화나 동화책 속에 등장하는 미지의 존재였으나, 현대 사회에서 악당은 바로 우리 이웃이고 친구이며 가족이다. 쉽게 남을 판단하고 낙인을 찍는 행위는 우리 사회를 살아가는 사람들에게 하나의 '태도'가 되어가고 있다. 현대인들은 누구나 '참교육' 대상이 되는 시대에 대한 경각심을 가져야 할 것이다. 앞으로 참교육 콘텐츠를 대체할 대안서사에 대한 연구는 추후의 과제로 남겨둔다.

중층적 현실, 주변성의 리얼리즘
– 장강명의 『산 자들』과 윤이형의 『작은마음동호회』를 중심으로

1. 중층적 현실

지난 12월 교수신문은 대한민국의 실정을 나타내는 사자성어로 '공명지조(共命之鳥)'를 꼽았다.[1] 공명지조는 『아미타경(阿彌陀經)』, 『잡보장경(雜寶藏經)』 등 불교의 여러 경전에 등장하는 동물 이름을 의역한 것인데 몸은 하나, 머리가 둘인 새를 말한다. 대립과 반목이 극으로 치달은 우리 현실을 비유하는 것이다. 어느 사회에서나 구성원 간의 불화는 존재하지만, 최근 갈등들이 유난히 극성스러운 모양새를 하고 있다는 점은 부정하기 어렵다.

그 중에서도 가장 격화된 형태로 나타나는 것은 계급, 젠더, 세대

---

1 최재목, 「'공명지조'(共命之鳥)를 추천하며」, 《교수신문》, 2019. 12. 15.

차이에서 기인하는 갈등이다. 2016년 '강남역 사건' 이후 불 번지듯 확산된 페미니즘의 열기에 맞서듯 젊은 남성의 보수화를 뜻하는 '20대 남자 현상'이 주목 받았고, 사회민주화에 앞장 선 학생운동권 출신이자 민주화 시대의 주축인 586세대는 이제 기성문법의 표본이 되어 젊은이들로부터 '꼰대' 취급을 받는다. 불공정한 경쟁으로 인한 열패감과 울분은 일부 저소득층에 국한된 게 아니라 거의 전 국민적 정서로 나타나고 있다.

그런데 이러한 쟁점들을 진보/보수와 같은 이분법적 프레임으로 바라보는 것은 낡은 해석의 방식이다. 지난 몇 달을 뜨겁게 달군 '조국 사태'로도 알 수 있듯이 지금 사회는 극도로 분화되어 있다. 사회를 구성하는 것은 공통감각을 지니고 있는 인간 무리로서의 대중이 아니라 파편화된 개인들이다. 한 사람을 중심으로 여러 종류의 정체성들이 교차하며 그것들은 촘촘한 간격으로 개인차를 발생시킨다. 동일한 조건 속에 있는 것처럼 보이는 사람들조차 각기 다른 목소리를 내는 이유가 그것이다.[2]

이러한 현실은 '새로운 리얼리즘'이라고 일컬어지는 최근의 문학적 조류과도 연관이 있다. 2000년대 이후 포스트모던 서사의 부흥

---

2 '조국 사태'와 관련해 20대 청년들이 가장 분노하고 있다는 것이 사회적 인식인 데 비해, 고졸 학력을 지닌 청년들은 예상외로 무덤덤하다. 이는 20대 청년이라고 해서 동일범주로 묶을 수 없음을 나타낸다.(변진경, 「차가운 분노'만 남은 고졸 청년들」, 《시사IN》, 2020.01.)

과 함께 존재가 희미해졌던 '리얼리즘 문학'은 최근 페미니즘, 퀴어, 비정규직, 구조조정 등을 소재로 한 소설들이 활발히 양산되면서 재등장을 알리는 중이다.[3] 그런데 여기서 주목할 점은 재등장한 리얼리즘이 과거의 그것과 다른 양상을 지닌다는 것이다. 과거 자연주의 혹은 사회주의 리얼리즘 문학에서 나타나던 선/악의 단순한 대립구도로는 오늘날의 중층적인 사회 현실을 그려낼 수 없기 때문이다.

2. 새로운 리얼리즘

그렇다면 '새로운 리얼리즘'이란 무엇인가. 해답을 모색하기에 앞서 리얼리즘에 대한 기존의 통념들을 되짚어보자. 사실주의 문학의 복권 가능성이 논의되던 2014년 당시 황정아는 "리얼리즘이 조장하고 수행한 일련의 미학적 지향과 운동이 마땅히 이어져야 한다"는 자신의 관점을 드러내는 한편 "그러나 이런 이어짐이 그 여전한 이름으로 수행되기에 리얼리즘론은 좀체 돌파구를 만들기 어려운 상태"[4]고 설명한다.

---

3 이와 관련된 가장 최근의 논의라고 할 수 있는 한기욱의 글을 참고해볼 수 있다. 한기욱은 『창작과 비평』 186호에서 용산 참사, 세월호 참사 등 사회적 약자들 간 연대하는 경험들이 페미니즘 운동과 결합되어 작품의 성격을 변화시켰다며 리얼리즘 재등장의 계기를 설명했다.(한기욱, 「사유 정동 리얼리즘」, 『창작과비평』 47 겨울호, 2019, 21쪽.)

4 황정아, 「리얼리즘과 함께 사라진 것들 운동으로서의 '총체성'」, 『창작과비평』 42 여름호, 2014, 19쪽.

황정아에 따르면 리얼리즘을 교착 상태에 빠뜨린 주범은 '총체성'에 관한 일종의 왜곡된 인식이다. 리얼리즘의 중요한 세부인 총체성이 '전체주의'와 결합하며 피해야할 위험 목록의 윗자리에 등극했다는 것이다. 프레드릭 제임슨이 요약한 것처럼 그간 '총체성'은 총체적 앎이 가능한 특권화된 주체이자 차이와 분화의 억압이며, 통일체로서의 작품기획을 의미해왔다. 다시 말해 그것은 "중심이 있고 단일하며 차이를 억압하는 유기적 전체이고, 이는 곧 전체주의"[5]인 것이다.

그러나 황정아는 "차이들을 삭제해버림으로써가 아니라, 근본적 차이를 사상하지 않으면서 파편들을 단일한 정신적 행위 안으로 결합해낼 수 있는 개념적 혹은 미학적 긴장"을 통해 총체성이 이루어진다고 주장한다. 전체의 조화가 아니라 하나의 체제 안에 포함된 모든 적대와 불일치들을 포함한다는 의미이다.[6] 체제가 봉합할 수 없는 내적 균열과 공백을 품고 있기 때문에 '완결된 총체화'가 불가능하다는 점[7]에서 이것은 모순적인 개념이기도 하다.

이와 같은 개념적 전환은 과거 리얼리즘이 떠안고 있던 부정적 편

5　Fredric Jameson, Valences of the Dialectic, New York:Verso 2010, 210쪽.(위의 논문에서 재인용)

6　슬라보예 지젝, Living in the End Times, New York:Verso 2010, 154쪽.(위의 논문에서 재인용)

7　위의 논문, 30쪽.

견에 대한 해명일 뿐 아니라 앞으로의 사실주의 문학들이 지니게 될 미학적 지향이기도 할 것이다. 과거 민족문학이나 노동문학 속에서와 달리 오늘날 복잡다단한 현실은 단일한 이데올로기 안에 수렴되지 않으며, 균열과 잉여들이 포함된 서사는 비-판결적인 양상을 띨 수밖에 없다. 이때 독자는 구호화를 부추기는 강렬한 목소리에서 벗어나 작품 속 다성적 울림을 경험하게 된다.[8]

본고는 개별 작품 속에서 이러한 맥락들을 살펴봄으로써 논의를 이어가고자 한다. 2019년 여름 무렵 출간된 장강명의 『산 자들』과 윤이형의 『작은마음동호회』는 중심으로부터 이탈한 조각들에 주의를 기울인다는 점에서 총체성의 기획에 부합하는 측면이 있다. 각각은 적대와 불일치들을 고스란히 노출하거나, 개인적이고 주변적인 것으로 여겨지던 문제들을 가운데에 위치시킨다. 지면 관계상 소설집 전반이 아닌 표제작 위주로 내용을 전개하기로 한다.

3. 혼종성, 봉합되지 않은 세계

---

8 한기욱은 오늘날 리얼리즘에서 관건적인 것은 '상투성'의 극복이라고 설명하며 이를 위해 '상황의 생생함'을 살릴 수 있는 정동적인 요소들이 적절히 활용될 필요가 있다고 주장한다. 또한 작가가 어떤 한 등장인물에 전적인 공감을 표하지 않음으로써 세상과 자아를 포함한 모든 것을 의심하게 하는 풍부한 가능성을 제공할 수 있다고 말한다. 본고의 2장에서 제시하는 비-판결적 서사 개념은 한기욱이 언급한 '사유의 훈련'에 관한 유사한 맥락으로 볼 수 있다.(한기욱, 앞의 논문, 17~34쪽.)

장강명의 『산 자들』[9]은 '21세기형 사실주의 문학'의 모범적인 사례로 평가된다.[10] 자본과 노동 문제를 다루는 단편들로 엮인 소설집에는 비정규직, 구조조정, 청년실업, 프랜차이즈 가맹점 등 경제활동을 둘러싼 다양한 이슈들이 등장한다. 『난쟁이가 쏘아올린 작은 공』, 『원미동 사람들』과 같은 70~80년대 사실주의 소설을 떠올리며 썼다는 작품들에는 그러나 과거와 다른 형태의 세계관이 형성되어 있다.

'산 자들'이라는 표제에 모티프를 제공한 소설 「공장 밖에서」는 한 자동차 회사의 대량해고 사태를 배경으로 한다. 직접적인 언급은 없지만 '쌍용자동차'를 모델로 한 듯한 이 회사는 핵심 기술만 빼돌린 후 도망간 중국 자본 때문에 파산 위기에 처해 있다. 경영진은 회생 계획으로 노동자들에 대한 대량해고 안을 내놓는데 그에 불복한 노조는 상생을 목표로 하는 자구책을 제시한다. 그러나 경영진은 그들과 타협하지 않는다.

> 한국인 간부들은 상하이에서 투자 유치 로드쇼를 하던 중에 중국인들이 철수한다는 소식을 들었다. 한국인 간부들은 법인 카드가 사용 정지되는 바람에 호텔 방값을 치르느라 곤욕을 치렀다.
> 정치인들은 '처음부터 중국인들에게 회사를 팔지 말았어야 했다'며

---

9 장강명, 『산 자들』, 민음사, 2019.(이하 인용은 쪽수만 표기한다.)
10 최재봉, 「에스에프, 퀴어, 노동」, 《한겨레》, 2019. 12. 27.

정부를 탓했다.

그러면 누가 삽니까? 이런 부채 덩어리 회사를.

장관은 국회에서 몇 번이나 이렇게 되물으려다 참았다.(82)

소설 초반부에는 중국 자본 철수 이후 각계의 반응들이 나타난다. 해외출장 중이던 한국인 간부는 갑작스러운 법인 카드 사용 정지로 곤욕을 치르고 정부와 정치인들은 서로를 탓한다. 소설은 사건에 직간접적으로 개입하고 있는 거의 모든 사람들의 반응을 짧은 분량으로 담는다. 마치 높은 곳에서 아래를 조감하는 듯한 이러한 장면에서 세계는 봉합되지 않은 채로 우리 앞에 나타난다.

70~80년대 노동문학의 특징 중 하나는 '전형적인 인물'이 등장한다는 데 있다. 사회주의 리얼리즘 소설에서는 '선진 노동자'가 중심이 되어 비타협적 투쟁과 파업의 서사를 이끌어나간다. 이때 독자들은 다양한 사고를 경유하지 못한 채 소설 속에 기입된 정치적 구호를 읽어내게 된다. 이것이 바로 프레드릭 제임슨이 지적하는 총체화의 실패다. 그런 의미에서 주변 인물들의 등장은 과거 노동문학과의 큰 차이점이라고 볼 수 있다.

한국인 사장의 내면이 비교적 소상히 드러난다는 점도 같은 맥락에서 이해할 수 있다. 그간 '사장'이라는 직분은 그 자체로 '악의 축'에 가까운 역할을 맡아왔다. 사장의 시선에서 회사가 자력으로 살아날 가능성은 희박하다. 회사는 거대한 빚 덩어리이며, 계획대로 해고를 한다하더라도 새 차를 개발할 만한 여력이 없기 때문에 오래 버티지 못할 것으로 예상된다. 새 주인을 찾아 투자를 받는 것만이 유일한 살 길이지만 그마저 쉽지 않은 형국이다. 노조원들로부터 '바지 사장'이라는 칭호를 받는 그는 자신이 진퇴양난의 처지에 있다고 생각한다.

이러한 작품 구성 전략은 독자들을 보수주의로 유인하려는 계책이 아니라, 현대 자본주의 사회에서 어느 한 쪽을 '악'으로 규정해 축출하는 시도가 더 이상 대안이 될 수 없음을 설명하는 것으로 볼 수 있다. "이 사람의 사연, 저 사람의 사연을 조금 길게 얘기할 수 있고, 독자들께서 일단 이 슬픈 현장에 공감해주시길 바라고 누구를 함부로 욕하진 못하겠다, 그런 마음이 들었으면 하는 게 제 바람"[11]이라는 작가의 인터뷰는 여러 각도에서 개인들의 서사를 이해하는 것이 전체 지형을 파악하는 데 핵심이라는 점을 알린다.

한 세계 속 여러 가치들이 충돌하는 것처럼 개인의 내면에서도 여러 정체성들이 상호작용한다. 사장과 노조 위원장은 적대적 관계지만 한편으로는 조직의 대표로서 서로를 이해하는 유일한 존재다. 사장과 노조 위원장은 파업의 시작과 함께 자유의지를 상실한다. "회

---

11 「소설가 장강명, '신작 "산자들", "난쏘공" "원미동사람들" 생각하며 쓴 책」, MBC 라디오 표준FM 95.9Mhz, 2019.07.03.

사를 살려야 한다는 명제와 채권자, 직원들의 요구에 갇혀 사장이 옴짝달싹하지 못하는 것처럼 위원장도 총고용 보장이라는 구호와 조합원들의 요구에 갇혀"(94)있다. 노조 위원장은 "자기는 우울한 표정을 지을 수도 없다고"(94) 사장에게 말한다.

협력업체 대표는 연설 도중 너무 흥분한 나머지 자기가 어디에 있는 건지, 무슨 이야기를 해야 하는 건지를 잊어버렸다.
"대기업 자동차 회사 직원이라고 호의호식할 때는 우리 중소기업 직원들이 얼마나 울분 삼키고 서러움 참으면서 일하는지 몰랐지이! 그렇게 말로만 상생 협력 상생 협력 외치다 이제 와서 자기들만 살겠다고 공장 문 걸어 잠그고 들어앉아 있느냐, 이 비겁한 놈들아아!
너희들 900명 살리자고 우리 20만 협력업체 직원 가족 다 죽어야 되느냐아! 너희들이 원천 기술이 있어어! 자동차에 대해 아는 게 뭐가 있어어! 다 우리 중소기업 고혈을 짜서 이윤 내고 떵떵거렸던 거 아니냐아!"(99)

개인의 혼종적 정체성에 관한 가장 교묘한 부분은 위와 같다. 해고자 명단에 오른 '죽은 자'들은 공장을 점거하고, 나머지 '산 자'들과 사측은 그를 규탄하는 집회를 연다. 인용문은 협력업체 대표가 연단에 올라 발언하는 부분이다. 대표는 공장 운영을 방해하는 '불법 점거단'

을 비판하는 내용으로 연설을 하는데 어느 순간 자신도 모르게 논지를 이탈한다. "대기업 자동차 회사 직원이라고 호의호식할 때는 우리 중소기업 직원들이 얼마나 울분 삼키고 서러움 참으면서 일하는지 몰랐지!"라는 비난의 화살이 향하는 곳은 뜻밖에도 본사 측이다.

대표는 사측의 협력자일 뿐 아니라 대기업의 횡포에 희생되는 중소기업 직원이기도 하다. "말로만 상생 협력 상생 협력 외치다 이제 와서 자기들만 살겠다고"하는 쪽은 사실 공장을 점거한 사람들이 아니라 그들을 밀어내려는 사측일 것이다. 얼마 전까지 동료였던 '산 자'와 '죽은 자'들이 쇠 파이프를 들고 서로를 향해 달려드는 결말은 과거 노동소설과 대척되는 장면으로 피아식별이 불가능한 사회의 모습을 보여준다. 을들이 연대해 갑에게 대항하던 사회는 지나갔다. 가해자와 피해자가 뒤섞인 채로 을들의 각자도생이 이루어지고 있는 것이 지금의 현실이다. 우리는 이곳에서 문제의 해결을 어렵게 만드는 총체적 진실들을 발견하게 된다.

4. '작은 마음'의 정치

윤이형의 『작은마음동호회』에는 페미니즘을 소재로 한 11개의 단편들이 수록되어 있다.[12] 비혼 여성과 기혼 여성(「작은마음동호회」),

---

12 윤이형, 『작은마음 동호회』, 문학동네, 2019.(이하 인용은 쪽수만 표기한다.)

트랜스젠더 동생을 둔 고학력 미혼 여성(「마흔 셋」), 성폭력 고발자의 자격과 연대(「피클」) 등 책에는 평소 잘 논의되지 않던 복잡미묘한 문제들이 쟁점화된다. 페미니즘은 모든 성차별에 대항하는 해방의 이데올로기지만, 우리는 일상 속에서 그 사상의 굵고 성긴 그물 속에 포획되지 않는 다양한 문제들을 발견한다. 윤이형은 옳고 그름을 판단하지 않는다. 다만 보이지 않던 것들을 보게 만들고, 사유하게 만든다.

표제작 「작은마음동호회」는 '기혼 여성'들의 사회적 자아에 관한 이야기다. 강화길, 박민정 등 최근 페미니즘 문학을 대표하는 소설들이 젊은 여성을 대상으로 한 폭력에 집중해왔음을 염두에 둘 때 윤이형의 작품은 신선하게 다가온다. 데이트 폭력, 몰카, 성추행과 같은 이슈에서 중심이 되는 것은 20대~30대 초반의 미혼 여성이다. 기혼/중년 여성 다시 말해 '아줌마'는 때때로 여성주의 담론에서조차 배재된다.

한때 소설가 지망생이었던 주인공 경희는 현재 어린 자녀를 둔 가정주부가 되어 있다. '한국 출판계 최후의 성실한 독자이며 독설 넘치는 비평가'인 그녀는 그러나 육아와 가정 일에서 벗어나지 못하는 '방 안 지식인'이다. "'현명한 엄마' '효부'라는 말에는 온몸을 긁으며 염증을 내지만, '페미니즘'이라는 단어를 보면 자궁에 통증을 느끼는, 그 통증을 속으로 삭이는 데 익숙한 사람"(11)이라는 자기인식은 사회적 의식과 개인의 삶이 점차 유리되어가는 모습에 대한 자괴감의 표현이다.

별다른 이유도 없이 계속 나를 개념이 없는 사람으로 몰아붙이던 시동생에게 처음으로 맞서 말대꾸를 하고 시댁에서 돌아온 날, 이제 나도 조금은 목소리를 낼 수 있는 사람이 되었나, 혼자 뿌듯해하며 트위터에 접속해 이런저런 말을 적고 지우다가, 어째선지 문득, 정말로 문득 생각이 나서 서빈의 이름을 검색해봤고, 찾아낸 계정에서 이런 트윗을 보게 되었다.
'너와 멀어진 건 아마도 네가 육아로 바쁘기 때문이라고 생각했는데, 사실은 그게 아니었는지도 몰라. 나는 너에게 언제나 귀찮은 존재가 아니었을까. 남자 없이는 살지 못하는 친구들과 하나씩 멀어지며 깨달은 건, 나는 사실 늘 들러리에 불과했다는 것.'(18)

경희는 지속적으로 자신을 괴롭히는 시동생에게 맞서 말대꾸를 한 다음 뿌듯함을 느낀다. 그런데 그 다음 트위터에서 절친한 친구이자 잘 나가는 일러스트레이터 서빈의 글을 보게 된다. 미혼인 서빈은 가정 일에 매몰되어 다른 가치들을 소홀히 여기는 경희를 비난하는 듯한 말을 한다. 경희는 '날카롭고 차가운 칼이 마음을 베고 지나가는' 것 같은 기분을 느끼고 둘 사이는 완전히 멀어진다.

'별다른 이유도 없이 계속 나를 개념이 없는 사람으로 몰아붙이는 시동생'의 행위는 개인적인 차원을 넘어서는 문제다. 한국 사회에서 며느리와 시동생 사이의 갈등이 생소하지 않은 것은 역시 가부장제와 관련이 있다. 시동생 입장에서 경희는 손윗사람이지만, 한편으로 며느리는 타자화되는 존재이기 때문에 '실제 서열'이 낮은 그녀에 대한 '갑질'이 가능한 것이다. 경희는 이 문제가 부당한 권력 구조 안에서 작동된다는 사실을 감지하고 있다. 그래서 '목소리를 낼 수 있는 사람'이 되었다는 데서 자긍심을 느낀다.

그러나 서빈의 푸념은 이러한 경희의 저항을 사적 영역으로 몰아넣으며 문제를 축소시킨다. '남자 없이는 살지 못하는 친구'와 같은 문구는 한편으로 작품의 배경이 되던 무렵 논란이 되던 'Girls do not need a prince(소녀에게 왕자는 필요 없다)'를 떠올리게 한다. 젊은/미혼의 여성들이 논하는 주체성 담론에서 기혼 여성들은 이미 자기결정권을 상실한 존재처럼 여겨진다. 경희는 서빈의 글을 읽은 후 자신이 "안전만 추구하는 의존적인 사람"(18)이 아닌지 의심하게 된다.

우리는 바이링궐이다. 우리의 말들은 반쯤은 자신의 것이지만 반쯤은 우리를 괴롭히는 사람들의 것이다. 우리는 종종 싸우려다 싸울 대상을 변호하며 주저앉는다. 그리고 나서는 성나고 괴로운 마음이 되어, 자신을 때려 기어이 피를 내곤 한다. 아무리 싫어도 우리 이에선 자꾸만 '아줌마'라는 말이 흘러나온다. 우리가 우리 자신을 비하하는 그 말이

"내 언어로 정확히 나를 표현할 수가 없어요"(12)

경희의 무력감은 기혼 여성들이 자기만의 언어를 갖지 못한 데서 기인한다고 볼 수 있다. 그녀들의 삶은 정치화되지 않는다. "내 언어로 정확히 나를 표현할 수가 없"(17)는 이들은 타인의 언어를 통해 발화를 시도하지만 "이렇게 해도 저렇게 해도 뭔가 좀 어색"(17)하다. 때문에 "종종 싸우려다 싸울 대상을 변호하며 주저앉"고, "자신을 때려 기어이 피를 내곤" 한다.

대통령 퇴진을 요구하는 범국민적 행사에조차 참여하지 못하는 경희는 "나는 실은 전혀 정치적 존재가 못 되는 게 아닐까, 자기 검열을 하다 마음을 다친"(11)다. 유아차라도 끌고 나가면 되지 않느냐고 묻는 사람들에게 "그러면 '맘충' 취급을 받지 않겠냐고 볼멘소리로"(10) 답하지만 사실은 "인파 속에서 밀리고 밟히다 아이가 혹시 다칠까 겁내는 마음이, 차가운 초겨울 바람이 아이의 볼을 꽁꽁 얼리지 않을까 걱정하는 마음이"(10) 먼저라는 것을 경희는 말하지 않는다. 그녀를 가로막고 있는 것은 '작은 마음'에 불과하다는 것을 알기 때문이다.

그러나 이 소설의 중요한 포인트는 여기에 있다. 소설은 '작은 것'

이 결코 '하찮은 것'이 아니라는 것을 말해준다. 경희가 문제를 해결해나가는 방법 역시 이 사소하고 작은 마음들에 있기 때문이다. 집회가 이어지는 동안 채팅으로 하소연을 나누던 주부들은 온라인 카페를 개설하고, 자신들의 이야기를 담은 독립출판물을 제작하기로 한다. 경희는 편집장을 맡아 서문을 쓰게 된다.

> 깊이 생각할 겨를도 없이 나도 뛰었다. 이런 것이었나. 이런 것이었구나. 사실은 별것도 아니었는데, 그래서 별거였구나. 왠지 자꾸만 웃음이 났고 눈물도 나려 했다. 처음에는 이런 것이 이렇듯 낯설어질 때까지 방치해둔 나 자신에게 미안했는데, 구호를 함께 외치는 동안 점점 내가 정말로 대통령을 퇴진시키러 이 자리에 나온 것일까 궁금해졌다.(22)

'작은마음동호회'라는 제목으로 출간된 책에는 그들이 아이를 맡기고서라도 집회에 나가야 하는 이유들이 담겨 있다. 회원들 중 상당수는 가족들에게 책을 읽히고 그들을 설득하는 데 성공한다. 경희도 당당히 아이를 맡기고 집회에 나간다. 집회에서 경희는 "이런 것이었구나. 사실은 별것도 아니었는데, 그래서 별거였구나"라고 생각한다. 이러한 속마음은 무엇을 의미할까. '광장의 정치'라고 해서 다르거나 특별하지 않다는 것, 그러나 그런 사실 역시 직접 나와 본 사람만이 알 수 있다는 것이다. 경희는 그제야 '사소한 것'의 중요성을 깨닫게 된다.

광장에 모인 사람들은 다음날 아침이면 자신의 일터로 복귀할 일상인이며 때로는 정치에 무관심한 소시민이다. 그들은 거대한 이데올로기가 아니라 작은 상식을 이야기하기 위해 그곳에 나왔다. 광장은 그들을 녹여 하나로 만드는 용광로가 아니라 각자 다른 사연을 품고 있는 개인들이 어우러진 옴니버스적 공간이다. 그런 점에서 광장은 총체성에 대한 하나의 알레고리가 된다. "정말로 대통령을 퇴진시키러 이 자리에 나온 것"이 아닐지라도 경희의 작은 발걸음은 나름의 의미를 지닌다. 그것이 윤이형이 보여주고자 한 주변성의 리얼리즘일 것이다.

5. 비-판결적 비판

지금까지 '새로운 리얼리즘'을 중심으로 차이와 분화, 주변성의 가치를 논하는 작품들을 살펴보았다. 결론에서 덧붙일 점은 이러한 양식의 작품들이 결코 현실의 문제에 안일하거나 소홀하지 않다는 것이다. '비판적인 것'과 '비판의 방식을 사용하는 것'은 같지 않다. 우리에게 필요한 것은 도덕화의 방식으로 최종적 결론을 내리는 시도가 아니라 살아있는 차원의 다양한 경험일 것이다.[13] 이 점을 역설

---

13 브라이언 마수미, 앞의 책, 40쪽.

하고 있는 브라이언 마수미의 글을 인용하며 마무리하고자 한다.

무엇인가에 대해 명확한 판결을 내리려고 시도하는 비판적 관점은 항상 어떤 식으로든 실패일 수밖에 없습니다. 왜냐하면 비판은 그것이 판결하는 과정과 거리를 두고 발생하기 때문입니다. 무엇인가가 사이 중간에서 일어났을 수도 있고, 감지할 수 없는 무엇인가가 핵심 사안의 한복판으로부터 벗어나서 일어났을지도 모릅니다. 이러한 전개는 나중에 중요해질 수도 있습니다. 고정시키고 분리하는 과정은 또한 판결에 있어 약점입니다. 왜냐하면 고정과 분리는 그 순간에 활성화되지 않거나 분명치 않을 수도 있는 변화의 씨앗들, 형성중인 연결들을 허락하지 않기 때문입니다.[14]

---

14 브라이언 마수미, 『정동정치』, 조성훈, 갈무리, 2018, 41쪽.

영혼의 도약을 위한 불안의 노래
– 정도상 『꽃잎처럼』을 중심으로

1.

우리는 불안의 시대에 살고 있다. 삶의 단조로운 반복으로 미래를 낙관하던 시절은 멀어지고, 한치 앞을 모르는 공포와 절망은 일상 속에 스며든다. 장기화되고 있는 코로나 사태와 병리적인 현상들을 굳이 언급하지 않더라도, 현대 사회에서 불안이 필연적인 요소라는 것을 설명하기란 어렵지 않다. 과거의 믿음과 선택이 더 이상 유효하지 않을 것이라는 판단은 우리 삶의 근간을 뒤흔든다.

불안이나 절망이라는 개념이 사상적 관심의 대상이 된 것은 키에르케고르의 실존철학이 등장한 이후부터다. 키에르케고르는 "조금도 절망하지 않고 있는 사람이란, 다시 말해 마음 깊은 곳에 동요라

든지 압력, 부조화, 불안 따위를 갖고 있지 않는 사람이란 한 사람도 없다"[1]고 말하면서 이를 설명하기 위해 창세기의 에덴동산 설화를 가져온다. 그에 의하면 아담은 선악과를 따먹지 말라는 금기에 의해 그것을 어길 수도 있다는 자유의 가능성을 부여받았다. 가능성은 아담을 불안하게 했고, 또 그 불안은 아담으로 하여금 금령을 어기도록 만들었다. 그의 죄는 후손들의 죄를 파생시키고 양과 정도를 증폭시켰으며, 그렇게 정립된 죄는 또 다른 죄를 지을 수 있는 가능성을 새롭게 야기한다. 이로 인해 인간은 불안한 상태에 있게 되었다는 것이다.[2]

다시 말해 '가능성' 때문에 아담이 불안해졌던 것처럼, 자유의지로 인해 인간은 불안 속에 있게 된다. 여기서 불안은 "아직 '자유'의 상태에 도달하지 못한 인간이 느끼는 본래적 정서로서의 불안을 의미한다. 그러나 '꿈꾸는 상태'는 '실존의 망각', '완전한 부자유'의 상태도 아니다. 꿈꾸는 상태에서 인간이 불안을 느끼는 것은 막연하게나마 '자유'와 '욕망'을 알고 있기 때문이다. 자유와 욕망의 지평으로부터 인간은 꿈꾸는 상태가 불안하다는 것을 감지하고 있는 것"[3]이다.

---

1 키에르케고르, 『불안의 개념/죽음에 이르는 병』, 강성위, 동서문화사, 2016, 196쪽.
2 이경옥, 「키에르케고르의 불안의 개념과 실존의 3단계의 관점에서 『리어왕』 읽기」, 『Shakespeare Review』 49(3), 한국 셰익스피어학회, 2013, 427쪽.
3 홍준기, 「불안과 그 대상에 관한 연구」, 『현상학과 현대철학』 17, 한국현상학회, 2001, 260쪽.

이러한 설명들을 참고해볼 때 불안이라는 정서는 양면적이다. 현실에서 불안은 벗어날 수 없는 고통이지만, 한편으로 그것은 인간의 깊은 곳을 성찰하게 만드는 매개가 된다. 따라서 불안을 직시하는 것은 삶의 유한성에서 벗어나 실존의 상황을 무한히 확장하려는 시도이며, 그것을 외면하는 것은 무의미하고 비본래적인 삶의 태도라고 볼 수 있다. 스스로 행복하다고 생각하는 사람도 사실은 불안에서 벗어날 수 없으며, 그 사실을 망각하는 것은 일시적인 도피에 지나지 않는다. "불안은 무정신 속에도 존재하고 있으나 그것은 숨겨져 있고 또 가면을 쓰고 있는 것이다. 한 번이라도 그 정체를 보면, 보기만 해도 기분이 나빠진다. 불안의 모습이라는 것을 공상으로 그려보면 끔찍한 것이 만들어진다. 그러나 사실이 그렇다 할지라도 있는 그대로를 보이지 않으려고 변장을 필요로 할 경우, 그 모습은 더 끔찍한 것이 된다"[4]는 것이다.

정도상의 『꽃잎처럼』[5]은 인간의 근원적인 불안과 절망의 심리를 파고드는 소설이다. 80년 5월 광주를 기록한 이 작품에서는 극한의 상황에 내몰린 인물들이 겪는 실존적 방황의 모습을 볼 수 있다. 불안한 내면을 극복하기 위해 오히려 더 절망 속을 파고드는 인간의 모습은 우리로 하여금 삶의 본질에 대해 고민해보게 만든다.

---

4 키에르케고르, 앞의 책, 99쪽.
5 정도상, 『꽃잎처럼』, 다산책방, 2020.(이하 본문 인용은 쪽수로만 표기함.)

2.

　5.18 민주화운동 40년을 맞이하여 출간된 『꽃잎처럼』은 물론 근현대사의 중요한 사건에 대한 역사적 증언으로서 가치를 지니지만, 한편으로 이 작품은 거시적인 차원에서의 의미부여보다는 등장인물들의 심리묘사에 집중하고 있는 듯한 느낌을 준다. 정치적 상황이나 사건 전개에 대한 설명은 후경화 되고, 도청에서의 결사항전이 있던 마지막 날 시민군의 내면 정서가 보다 자세히 서술되고 있다. 26일 저녁 7시부터 27일 새벽 5시 이후까지를 한 시간 단위로 쪼개서 디테일하게 보여주는데, 작가는 "전남도청에서 시민군들이 계엄군을 맞이할 때도 죽을 줄 뻔히 알면서도 남아 있었어요. 백기를 들고 계엄군을 맞이하는 것과 한 사람이라도 남아 피에 젖은 깃발을 들고 맞이하는 것의 간극은 어디서 올까 생각했습니다"라며 집필 의도를 밝히기도 했다. 즉, 패배할 것을 알면서도 죽음에 뛰어드는 행위에 대한 의문이 소설의 단초가 된 것이다.

　"저놈들이 최후통첩을 한 12시가 한 시간도 안 남았네. 죽기 아니면 살기지 뭐! 안 그래?" 박 실장이 상황실 사람들을 보며 힘 있게 말했다.
　"공수부대가 들어오면 지하에 있는 TNT를 폭파해 함께 떼죽음을 하는 거지 뭐." 윤 기동타격대장이 흥분한 소리로 말했다. (중략)

영혼의 도약을 위한 불안의 노래 137

"민호야 무서지? 나도 무서워." 한참 후에 상황실장이 말했다.
저처럼 열렬하게 뛰어다니는 사람이 무섭다는 말을 하다니, 나는 속으로 깜짝 놀랐다. 무섭다는 말, 두렵다는 말은 도청에서는 금기어였다. 민호 형은 상황실장의 짧은 물음에 대답하지 않았다.(94)

용맹한 전사들의 모습을 상상했다면 소설은 그 기대를 절반쯤은 무너뜨린다. 시민군의 작전상황실을 책임지고 있는 박 실장은 계엄군에 당당히 맞서겠다는 결의로 사람들 앞에 나서지만, 절친한 친구 민호와의 대화에서는 공포에 질린 기색을 드러낸다. '계엄군이 들어오면 다이너마이트로 자폭하겠다'며 중앙청에 엄포를 놓는 박 실장의 목소리는 떨린다. 이러한 모습은 "도청에 있는 시민군은 모두 단순한 사람들이었다. 계엄군이 오지 않았으면 하는 마음과 만일 온다면 싸워야겠다는 마음 사이에는 그 어떤 간극도 없었다"(100)는 화자의 서술로 요약된다. 사람들의 내면을 가득 채우고 있는 것은 정치적 신념이 아니라 끊임없는 회의와 불안이다. 도청에서 나가자고 설득하는 수습위원장을 비난하지 못하는 이유는 누구든 자기 선택을 확신할 수 없는 상황이기 때문이다. 그러나 사람들은 끝내 자리를 떠나지 않고 스스로를 불안 속에 방치한다.

작품의 화자인 노명수가 정적이고 내면성이 강한 인물로 그려지는 것 역시 이러한 심리를 효과적으로 보여주기 위한 것으로 생각된다. 우리에게 깊은 인상을 남긴 영화 〈화려한 휴가〉에서 5·18 시민군 강민우가 그토록 적극적인 모습을 보여준 것과 달리, 『꽃잎처럼』의 노명수는 조용히 사람들을 관찰하며 사유한다. 집안이 가난한 탓에 국민학교밖에 졸업하지 못한 그는 '민주화도 투쟁도 잘 모르'지만 동지들 곁에 있는 것이 '사랑에 대한 예의'라고 생각한다. 그는 들불야학에서 인연을 맺은 여학생 희순과의 약속을 지키기 위해 도청에 남았다.

> 윤상우 강학의 말에 나도 모르게 항의를 멈췄다. 플라스틱 공장에서 신입으로 일을 하고 있다고? 은행을 다니다가 돌아와서 더럽고 위험한 플라스틱 공장에서 일을 하며 야학에서 나를 가르치는 저 사람. 그래서 더 화가 났다. 얼마나 잘난 사람인가? 좋은 대학을 졸업하고 은행에 취직했어도 그 자리를 버릴 수 있는 사람이라니. 나로서는 도무지 이해할 수 없는 사람이었다.(161)

희순을 비롯한 들불야학 멤버들은 어떤 존재인가. 이들은 좋은 대학과 편한 일자리를 버리고 공장에서 노동운동을 하는 사람들이다. "방직공장의 공순이들이 어떻게, 밤새 미싱을 돌리다가 손톱 위로 바늘이 드르륵 지나가는 공순이가 어떻게, 프레스 선반에 손가락이 잘려나간 공돌이가 어떻게, 고구마 값이 폭락한 농부가 어떻게"(159) 사람답게 살 수 있는지를 고민하는 것이 이들의 일이다. 이들은 '사람이 사람답게 사는 세상'을 추구한다고 말하면서 정작 자신의 삶이 망가지는 것을 두려워하지 않는다.

키에르케고르의 개념에 비추어 볼 때 노명수와 야학 사람들의 간극은 '심미적 실존'과 '윤리적 실존'의 차이로 설명할 수 있다. 키에르케고르는 인간의 실존을 심미적 실존, 윤리적 실존, 종교적 실존의 세 단계로 나누고 있는데[6] 심미적 단계에서 인간은 순간적이고 자극적인 쾌락을 추구한다. 이들은 지위나 외모처럼 남에게 평가되는 면을 중요시하는 속물적인 사고방식을 지니고 있으며, 자신이 불안 속에 있다는 사실을 인지하지 못한다.[7] 한편 윤리적 단계에 있는 개인은 자기 자신에게 중심을 두고, 주관적 진리에 따라 일관성 있는 삶을 살아간다. 이들 역시 불안과 절망으로부터 완전히 자유로울 수 없으나, 최소한 본래적 자기로서 삶을 살아간다.[8]

---

6 키에르케고르는 불안과 절망을 어느 정도 긍정하는 태도를 보인다. 그는 실존의 세 단계 중 자신의 불안을 인지하지 못하는 심미적 실존을 가장 낮은 것으로 보았으며, 윤리적 실존의 단계에서는 본래적인 삶을 추구하지만 결국 불안을 벗어날 수는 없다고 했다. 신에게 의지하여 불안을 극복하는 것이 최종 단계로서의 종교적 실존이다.

7 어떤 사람이 심미적으로 살 때는, 그의 기분은 항상 원심적이다. 왜냐하면 그는 자신의 중심을 주변에 갖고 있기 때문이다. 인격은 자신의 중심을 자기 안에 갖고 있고, 자신의 자기를 갖고 있지 못한 사람은 원심적이다. (키에르케고르, 『이것이냐 저것이냐』 2, 임춘갑, 치우, 2012, 409쪽.)

8 "일체가 반기를 들고, 그를 짓누르는 폭풍우가 하도 어둡게 그를 감싸고 있어서 그의 이웃들마저도 그를 볼 수 없을 때에라 , 그는 파멸하지 않고, 그는 자신이 꽉 붙들 수 있는 한 점을 가지고 있다. 그리고 그 점은 그의 자기인 것이다"(위의 책, 450쪽.)

처음에 노명수는 심미적 실존의 범주에 머무르는 사람이었다. 그는 현실의 안락과 사회적 명예 외에 추구해야할 가치가 무엇인지 알지 못한다. 가난한 공돌이 신세를 벗어나는 것만이 유일한 삶의 목표이다. 그래서 스스로 기득권을 포기하는 들불야학 사람들을 이해하지 못한다. 그에 비해 희순과 동료들은 윤리적 단계에 가까이 있는 사람들이다. "사람은 추상에 목숨을 걸기도 해"(183)라는 모호한 말은 그들의 정신세계를 보여준다. 그들에게 중요한 것은 일시적인 쾌락이나 타인의 평가가 아니라 주관에 따른 삶을 살아가는 것이다. 노명수는 희순이 자기와 다른 차원에 존재하는 사람이라는 것을 의식한다. 이 거리감은 사랑을 어렵게 만드는 것이기도 하지만, 노명수를 윤리적 실존의 단계로 끌어올리는 동력이 되기도 한다.

노명수는 야학 사람들과 관계하면서 조금씩 변화하는 모습을 보여준다. "검정고시를 봐서 뚱뚱 야간대학에라도 다니고 싶어서 여기에 왔어요. 나는 빨갱이 교육을 받고 싶지 않습니다"(161)라고 항의하던 노명수가 "내가 왜 다른 사람, 가난한 사람을 위해 살아야 하는가? 왜 정의롭게 살아야 한단 말인가? 적당히 타협하고 불의를 보면 살짝 고개를 돌리고 정의에 눈감고 살면, 안 되는 것인가? 그게 평범한 삶이 아닌가?"(162)라는 질문을 스스로에게 던지게 되는 것은 실존적 차원에서의 질적 비약을 예고하는 것으로 볼 수 있다.

나는 상우형을 여전히 이해하지 못하는 것처럼 희순도 이해할 수 없었다. 대학을 스스로 포기하다니……. 상우 형과 희순을 비롯한 강학들. 그들은 위험을 무릅쓰는 사람들이었고 슬픔을 가르치는 사람들이었다. 그들이 가르치는 것을 하나씩 배워갈 때마다 나는 슬픔에 빠졌다. 내가 살아가는 세상을 정확하게 안다는 것은 얼마나 슬픈 일인가.(163)

야학 공부는 명수에게 모종의 슬픔을 안겨준다. 이전에 그가 알고 있던 것은 세상의 한 단면에 불과했다. 그 이면을 알아가는 것은 놀랍고도 고통스러운 일이다. 구체적인 내용은 언급되지 않지만 노명수가 배운 것은 세상의 다양한 거짓과 모순일 것이다. 그는 불안과 고통을 감수함으로써 진리에 도달하게 된다. 노명수가 야학을 시작한 것은 윤택하고 행복한 삶을 살기 위해서였지만, 정작 앎이 늘어갈수록 절망에 빠지는 아이러니가 발생한다.

삶의 진실을 추구하는 일은 희순을 사랑하는 감정과 평행선에 놓인다. 노명수는 달콤한 연애를 꿈꾸면서 희순에게 접근하지만 그녀에 대한 마음이 깊어질수록 "사람을 사랑한다는 것은 근본적으로 끊임없이 외로워지고 쓸쓸해지는 일이란 것"(206)을 깨닫는다. 누군가를 진정으로 사랑하는 행위는 그 자체로 실존적인 문제와 연결되어 있다. 자신을 내어주고 상처받는 것을 허락한다는 점에서 그것은 인간 존재에 대해 고민하게 만들기 때문이다. 노명수는 '슬픔을 가르치는' 야학을 그만두지 않듯이, '외로워지고 쓸쓸해지는' 사랑을 포기하지 않는다. 스스럼없이 불안과 절망을 택한다.

"전투에서 우리는 질 것입니다. 한 발만 더 가면 낭떠러지가 분명한데, 한 발을 내디뎌야 할 때가 있습니다. 그것을 '백척간두 진일보'라고 합니다. 우리는 오늘 밤 공수부대와의 전투에서 패배할 것입니다. 패배가 분명한데도 여기에 남아 있는 것은 백기를 들고 공수부대를 맞이할 수 없기 때문입니다. 우리는 우리의 깃발을 내릴 수 없습니다. 우리의 깃발이 비록 피에 젖고 총칼에 찢어진다 해도 우리는 깃발을 내리지 않을 것입니다. 우리는 오늘 밤 패배할 것입니다. 하지만 영원히 패배하진 않을 것입니다."(32)

기자 인터뷰 장면에서 상우의 발언은 도청에 있던 사람들의 사고방식을 집약한다. 시민군은 스스로의 패배를 알고 있다. 그러나 백기를 들고 항복하는 것과 완전히 패배할 때까지 저항하는 것은 다르다고 믿는다. 비인간성과 폭력에 굴종하는 것은 진실된 삶의 자세라고 할 수 없다. 키에르케고르는 『죽음에 이르는 병』에서 "죽음이 최대의 위험일 때 사람은 살기를 간곡히 바라는 법이다. 그러나 또한 더욱 무서운 위험을 알게 될 때 사람은 죽음을 바라게 된다. 이렇게 해서 죽음을 희망으로 생각하게 될 정도로 위험이 클 때, 그때의 절망이 바로 죽을 수조차도 없다는, 아무런 희망이 없는 절망인 것"[9]이라고 했다.

'오늘 밤 패배할 것이지만 영원히 패배하진 않을 것'이라는 말은 이러한 의미를 반영한다. 위기를 모면하려 목숨을 구걸하는 것은 이들에게 죽음보다 더 큰 절망을 불러일으키는 것이며 희망이 없는 삶의 시작이다. 그래서 이들의 패배는 어떤 의미에서 승리이며, 이들의 죽음은 한편으로 삶의 본질을 추구하는 방식이 된다. "절망의 죽음은 끊임없이 생으로 진화하는 것"[10]이라는 말처럼 이들은 스스로를 죽음의 절망 속으로 밀어 넣음으로써 본질에 가까워진다.

소설의 결말에서 시민군 대부분은 죽는다. 목숨을 건진 명수는 다음날 아침 "백기가 아닌 피에 젖은 깃발이 도청 옥상에서 펄럭거리고"(249) 있는 모습을 보며 "나는 지난 밤을 잘 살아낸 것"(249)이라고 생각한다. 여기서 '나'는 물론 끝까지 항복하지 않은 채 죽어간 동지들을 포함한다. 이날 도청에 있던 시민들은 죽음으로 삶을 실천한 것이다.

명수는 계엄군에게 붙잡혀 포박된 채로 이동하는 중에 새로운 소식을 듣게 된다. '발산댁 형수'가 아이를 낳았으며, 산모는 딸을 남겨두고 세상을 떠났다는 이야기다. 생사(生死)가 교차하는 마지막 장

---

9 키에르케고르, 『불안의 개념/죽음에 이르는 병』, 강성위, 동서문화사, 2016, 190쪽.
10 위의 책, 191쪽.

면은 명수의 꿈에 등장한 배추흰나비와도 상징적 의미를 같이한다. 죽은 허물을 벗고 날아가는 나비처럼, 죽음은 새로운 생명을 탄생시킨다. 시민군의 슬픈 희생이 다음 세대를 위한 정신적 유산을 남겼듯이 말이다. 불안은 고통스럽지만 영혼의 도약을 위한 밑거름이 된다. 이것을 알기에 우리는 끊임없이 절망의 한 가운데를 헤맨다. 비록 그것이 우리를 완전히 구원하지 못한다 하더라도.

존재를 향한 두 가지 시선
–정세랑의 『보건교사 안은영』과 백온유의 『유원』을 중심으로

1. 보이지만 보이지 않는 존재 : 『보건교사 안은영』

『보건교사 안은영』[1] 신드롬이라 해도 과언이 아니다. 2015년 민음사 젊은 작가 시리즈 아홉 번째 책으로 출간된 정세랑의 소설은 최근 넷플릭스 드라마로 제작되며 새롭게 주목을 받고 있다. 수많은 보도에 의하면 이 작품은 '명랑 퇴마 판타지 학원물'이다. 민음사에서 퇴마소설을? 선뜻 와닿지 않는다면 등장인물 프로필을 살펴보자.

주인공 안은영은 어느 사립 고등학교에서 근무하는 보건교사인데, 사실 죽은 영혼을 볼 수 있는 비범한 능력의 소유자다. 장난감 칼과 비비탄 총을 무기처럼 지니고 남몰래 학교를 수호한다. 그녀의

---
[1] 정세랑, 『보건교사 안은영』, 민음사, 2015.(이하 본문인용은 쪽수만 표기)

파트너 홍인표는 좋은 에너지를 몸에 보호막처럼 두르고 다니는 학교의 숨은 실세고, 원어민 교사 매켄지는 자신의 영적 능력을 이용해 어둠의 세계와 거래하는 악당, 백혜민은 남의 몸에 붙은 '옴'(액운)을 잡아먹기 위해 태어난 학생이다. 학교에는 늘 이상한 기운을 가진 자들이 들락거린다.

여기까지 들었을 때 『보건교사 안은영』이 장르소설이라는 점에 동의하지 않는 사람은 드물 것이다. 특정한 경향과 유형에 입각하고 있으며 대중의 흥미와 기호를 중시하는 소설.[2] 흔히 장르문학을 접할 때 우리는 유희적인 면에 집중하며, 소설이 지닌 중층적 의미를 고려하지 않는다. 그런데 어쩐지 이 작품을 접한 대중들의 반응은 호기심으로 가득하다. 예컨대 '『보건교사 안은영』 5장에 등장하는 오리는 무엇을 의미하나요?', '사람의 몸에서 뿜어져 나오는 젤리는 어떻게 이해할 수 있나요?' 같은 질문들이 인터넷에 올라온다.

이러한 호기심은 작품이 장르 문법으로 환원되지 않는 잉여를 포함하고 있다는 데서 기인한다. 예를 들어 교과서 선정 문제로 분투하는 역사교사가 학생들을 보고 "있잖아, 다음 선거에는 너희들한테도 선거권이 있어"라는 말을 하거나, 학교에 숨어든 사악한 용의 등에 유명 대기업 로고가 박혀 있는 모습 같은 것들. 정세랑은 작가의 말에서 "저는 이 이야기를 오로지 쾌감을 위해 썼"(275)다고 서술한

---

2 고려대학교민족문화연구원, 『고려대 한국어대사전』, 고려대학교민족문화연구원, 2009.

다. 그러나 또한 인터뷰에서 "중요한 문제일수록 사람들이 소화하기 쉽도록 가볍게 말해야 한다고 생각해요. 저는 사회과학 서적을 쓰는 사람이 아니고 이야기를 쓰는 사람이잖아요."[3]라고 말한다. 연작소설 형태로 구성된 이 작품은 '악귀를 만남-물리침' 구조의 반복이 아닌, 주인공이 사건을 바라보는 태도를 중심으로 서술되고 있는듯하다. 이는 명랑 소설의 외피를 입은 『보건교사 안은영』이 품고 있는 메시지가 무엇인지 생각해볼 필요가 있다는 점을 말해준다.[4]

'왜 안은영인가'에 관한 질문을 던져보자. 언급했듯이 작품에는 안은영의 역할이 비교적 크지 않은 에피소드들이 삽입되어 있다. 괴

---

3 임인영, 「명랑소설가 정세랑 "입구의 풍선 같은 작가 되고파"」, 『북DB』, 2017. 04. 19.

4 노대원은 2015년 자신의 평론에서 "대중문화의 상상력에 가까운 이야기로서 유희적이고 가볍고 때로는 유치한 면도 없지 않은데, 그렇다면 굳이 소설로 쓰여야 하는 이유는 무엇일까? 이 소설은 가라타니 고진의 말처럼 지적인·윤리적 사유를 가능하게 하는 근대문학이 몰락해버린 또 다른 근거에 불과할까? 그 질문에 답하기 위해서는 보다 면밀한 서사 해석을 필요로 한다"라며 작품의 깊이 있는 해석을 촉구한 바 있다. 그는 "특히, 소설의 첫번째 장의 후반부, 저주받은 연못의 악령이 많은 학생들을 공격해서 아이들이 옥상으로 올라 기절하는 소동이 벌어지는 장면은, 판타지 장르의 문법으로만 환원되지 않는다. 내게, 그 대목은 세월호 침몰을 떠올리게 했다"며 소설의 정치적 무의식을 말하기도 했다. 시대적 배경을 고려해봤을 때 이는 설득력 있는 연결이라고 생각된다.(노대원, 「소설, 이 끝에서 저 끝까지 : 정세랑, 『보건교사 안은영』(민음사, 2015)_배명훈, 『첫숨』(문학과 지성사, 2015)_진연주, 『코케인』(문학동네,2015)」, 『자음과모음』,31, 자음과모음, 2016, 388~390쪽) 『보건교사 안은영』은 세월호 참사 다음해인 2015년에 발표되었기 때문이다. 그러나 한편으로는 지금 새롭게 작품을 접한 독자들로서는 쉽게 짐작하기 어려운 내용이기도 하다. 학교를 배경으로 하고 있다는 점과 '우리가 지키지 못하고 돌보지 못한 어린 영혼들'이 자주 등장한다는 것 외에 직접적인 모티프가 등장하지는 않기 때문이다. 이 책을 읽으면서 어떤 구체적인 사회 현상이나 사건을 떠올리기는 쉽지 않을 것 같다. 그렇다면 오늘날 독자들이 작품에서 발견할 수 있는 것은 무엇인가. 그것은 개별사건에 대한 비판이라기보다는 보편적인 삶의 태도에 가까운 것이며 대중들의 결핍을 채워줄 만한 어떤 것이리라고 생각된다.

물을 퇴치해야한다든가 하는 위급한 상황을 제외하면 안은영은 대체로 관찰자적 태도를 유지한다. 예를 들면 생물교사 한아름이 학교에 난입한 오리를 떠맡게 되었을 때, 막내 역사교사가 교과서 문제로 교장선생님과 신경전을 벌일 때, 정현이나 강선 같은 죽은 영혼이 찾아올 때가 그렇다. 그럼에도 불구하고 왜 이런 사건들은 그녀를 중심으로 서술되어야 하는가 하는 의문이 남는다.

그것은 아마도 안은영에게 "이른바 보이지 않는 것들을 보고 그것들과 싸울 수 있는 능력"(13쪽)이 있기 때문일 것이다. 여기서 '보이지 않는 것'이란 귀신이나 유령 같은, 평범한 사람은 감지할 수 없는 존재를 의미한다. 그 존재들을 인식할 수 있는 사람이 안은영뿐이기 때문에, 시선의 주체로서 그녀는 늘 서사의 중심에 위치하는 것이다. 그런데 여기서 '보이지 않는 것'에는 또 다른 의미도 있다. 실제로는 우리와 같은 평범한 인간이지만, 존재감이 없어서 남의 눈에 띄지 않는 사람이다. 우리는 '보이지만 보이지 않는 존재'가 우리 주변에 있다는 것을 의식하지 않은 채 살아간다.

그러느라 바빠서 조금 늦게 알아챘다. 복도에 수돗가에, 창고에, 계단에 똑같은 여자애가 서 있었다. 자세히 보지 않으면 지나치기 쉬운 앞머리가 긴 여자애였다. 분명 누군가를 기다리는 것 같았다. 교복을 입고 체육복을 입고 실내화를 신거나 운동화를 신고 있었다. 조금씩 달랐지만 같은 여자애였다. 인상이 희미한 편이라 은영도 처음엔 지나쳤지만 여자애가 '증식'하기 시작했기 때문에 곧 모를 수가 없게 되었다.(112)

오해하기 쉽지만, 안은영이 목격하는 여학생은 귀신이 아니라 사람이다. 은영은 어느날부터 '더러운 비듬쟁이'라는 별명을 가진 여학생 황유정이 '증식'하는 모습을 본다. 황유정은 나쁜 기운을 갖고 있는 원어민 교사 메켄지를 짝사랑하게 되는데 그런 마음들이 환영과 같은 형태로 안은영 앞에 나타나는 것이다. 안은영이 보는 환영은 소설 안에서 구체적으로 묘사되지만, 사실 이것은 하나의 알레고리에 가깝다. 여기서 중요한 것은 황유정이 증식하는 기현상 그 자체가 아니다. 아무도 눈여겨보지 않는 '비듬쟁이 여학생'의 모습이 안은영에게 '보인다'는 사실이다.

황유정은 활동 파트너를 정해야하는 수업시간에 매번 아무에게도 선택되지 않을 정도로 존재감이 없는 아이다. 안은영은 황유정에게 구체적인 선의를 베풀지는 않지만, 에피소드 마지막에서 "신체검사 날, 여학생들의 가슴 둘레를 재면서 진짜 유정을 딱 한 번 가까이서 보았다. 해 줄 수 있는 게 아무것도 없었지만, 인표에게서 얻은 그날 치 좋은 기운을 고스란히 전했다"(125)고 말한다. 여기서 '가까이서 보는 것'은 '좋은 기운을 전하는 것'과 등치된다. 누군가를 바라보는 행위는 그 자체로 따스한 힘을 지니기 때문이다. '해줄 수 있는 게

없었다'고 하지만, 사실 황유정에게 필요한 것은 그녀를 똑바로 응시하고, 그녀의 존재를 인정해주는 것이 아니었을까.[5]

'가로등 아래 김강선' 에피소드도 마찬가지 맥락에서 살펴볼 수 있다. 안은영의 중학교 동창 김강선은 고층 주상복합 건물을 짓는 건설현장에서 크레인 사고로 사망했다. 강선의 말에 의하면 크레인 사고가 흔한 이유는 '사람보다 크레인이 비싸서'다. 예산을 줄이기 위해 낡은 크레인을 계속 사용한다는 뜻이다. 그는 자신의 영혼이 '부스러지지'(소멸되지) 않는다고 말한다. 이는 한(恨) 때문에 이승을 떠나지 못하는 전통서사 속 원귀의 모습과도 같다. 강선은 안은영에게 자신의 사연을 모두 털어놓은 후, 은영을 '마주보는' 채로 부스러진다. 이는 자본주의 사회에서 소외된 개인들의 삶을 직시할 것을 요구하는 직접적인 메시지로 읽힌다. 이러한 측면에서 안은영이 가진 진짜 능력은 악귀를 퇴치하는 것이 아니라, 배제되고 소외된 것들을 '볼 수 있다'는 데 있다.

2. 대상을 지우는 시선 : 『유원』

---

[5] 노대원은 안은영이 귀신과 헛것을 '봄'으로써 그들의 존재를 '있는 것'으로 인정해준다고 설명하며, 혼령을 달래주는 이 '애도의 상상력'을 세월호 사건과 연결짓는다.(위의 논문, 389~390쪽.) 본고는 귀신과 헛것 뿐 아니라 소외된 인간들 역시 안은영의 시선 안에 포섭된다고 본다. 또한 이는 상처받은 이들을 달래는 보편적인 위로의 방식으로 연결된다.

타인을 향한 시선이 항상 긍정적인 결과를 가져오는 것은 아니다. 백온유의 장편소설 『유원』[6]에는 『보건교사 안은영』과 반대로 타인의 시선 때문에 고통 받는 인물이 등장한다. 소설의 주인공 '유원'은 십여 년 전 비극적인 화재 사건에서 기적적으로 살아남아 뜻하지 않게 세간의 주목을 받게 된 아이다. 상처받은 사람들에게 치유자 역할을 했던 안은영과 달리, 유원은 오랜 상처로 인해 평범하지 못한 삶을 살아간다.

화재사건 당시 '예정'은 현장을 빠져나가지 못할 것을 예감하고 동생 유원을 이불에 싸서 베란다 밖으로 던진다. 그리고 자신은 질식사한다. 우연히 현장을 지나던 '아저씨'는 유원을 두 손으로 받아낸 충격으로 다리뼈가 으스러지는 상해를 입는다. 그 와중에 유원만이 털끝하나 다치지 않은 채 고스란히 목숨을 건진 것이다. 신문에는 '11층에서 떨어졌는데 멀쩡한 이불아기'라는 제목으로 기사가 실린다. '이불아기'라는 별명은 유원이 고등학생이 된 12년 후까지 그녀를 따라다닌다. 사건 당시 그녀는 상황을 제대로 파악하지 못할 정도로 미숙한 나이였으나, 성장하면서 그 일은 마음 속 깊은 상처가 된다. 그런데 유원을 힘들게 하는 것은 사고 현장에서의 기억이 아니다. 언제나 조심스레 유원을 지켜보는 사람들이다. 이들의 태도는 어떻게 폭력이 되는가.

---

[6] 백온유, 『유원』, 창비, 2020. (이하 본문 인용은 쪽수만 표기.)

나는 개에게 가까이 다가가 더 크게 깨갱, 깨갱 소리를 흉내 내며 웃었다 개와 눈높이를 맞추려고 엎드렸다. 개가 주춤거렸다. 작은 개였다. 순간 그 할아버지가 개를 안아 들었다. 웃는 얼굴로 할아버지를 올려다 본 후에 나는, 뒤로 한 발작 물러났다.

"얘, 너 그러면 안 돼. 그러면 안 돼 너는."

나는 얼어붙었다. 순간적으로 무언가 깨우친 것처럼.(105)

'별문제는 없어 보인다.' 그 애 눈엔 그렇게 보였을까.

그런데 정말 내가 어떻게 살고 있는지가 궁금해서 글을 올린 걸까? 내가 어떤 결함을 안고 사는지, 그 성장 과정이 얼마나 다사다난한지 궁금해서는 아닐까?

십이 년 전 기사에는 '희망'이나 '기적'이나 빛 같은 단어들이 자주 등장한다. 세계 전체에 희박한 것들을 굳이 내게서 찾으려는 시도가 폭력적으로 느껴진다. (191)

유원은 동급생으로 추정되는 누군가가 인터넷에서 '이불소녀'의 근황을 전하고 있는 것을 발견한다. 시선 뒤에 있는 사람이 누구인지는 알 수 없다. 미셸 푸코가 언급했듯이 대상은 밝은 빛 속에 노출되고 그 대상을 보는 주체는 어둠 속에 몸을 숨기는 판옵티콘 구조에서 시선은 그 자체로 교정과 훈육의 힘을 발휘한다. 이때 대상은 자유를 박탈당한다. 놀이터에서의 에피소드는 유원으로 하여금 자신이 정체를 알 수 없는 시선에 노출되어 있다는 사실을 깨닫게 한다. 어린 시절 유원은 놀이터에서 강아지와 장난을 치다가 이웃 할아버지로부터 "너 그러면 안 돼. 그러면 안 돼 너는."하는 말로 질책을 당한다. 이는 평소에 감지하지 못했던 익명적 시선이 정체를 드러낸 사건으로서 유원에게 큰 충격을 준다. 이후 유원은 웬만한 실수나 잘못을 하지 않는 학생으로 성장한다. 유원의 모범적 태도는 가상의 판옵티콘 속에서 만들어진 일종의 강박증세로 볼 수 있다.

유원을 지켜보는 사람들은 관찰적 시선이 아니라 검열적 시선을 가지고 있다. 사람들은 유원의 삶을 진심으로 궁금해한다기보다, 그녀가 자신들이 상상한 모습에서 벗어나지 않았는지 점검하고 싶어 한다. 유원을 통해 '기적'이나 '희망' 같은 긍정적인 가치를 말하는 이들은 한편으로 유원이 불행에서 완전히 벗어나지 않기를 원한다. 이러한 심리는 비극적인 사건을 겪은 사람은 평범한 삶으로 돌아갈 수 없다고 여기는 선입견에서 발생한다. 기적과 희망의 수사는 오히려 유원의 삶에 그림자를 드리우고, 그녀를 평범성으로부터 멀어지도록 만드는 것이다. 사람들의 시선은 존재를 있는 그대로 인정하지 않고 왜곡한다.

"아빠 생각은 너보다 내가 더 많이 해봤어. 궁극적인 질문은 이거지. 그래서 아빠는 어떤 사람일까? 어떤 사람이기에 이럴 수 있는 걸까. 나는 왜 아빠의 다른 면을 보지 못한 걸까. 아빠는 왜 남들처럼 정직하게 살지 못하고, 누군가를 착취하면서 살아야 하는 거지? 아빠 속이 궁금해, 나도. 아빠는 얼떨결에 널 구하고 영웅이 됐지. 아빠는 그날 널 구하지 않았던 게 아빠 인생을 위해서 더 나은 일이었을 수도 있어."(230)

그런데 또 하나 주목해볼 것은 유원 역시 다른 사람을 바라볼 때 무심코 이와 같은 폭력을 저지른다는 것이다. 유원은 자신과 같은 학교에 다니는 신수현이 '아저씨'의 딸이라는 사실을 알게 된다. 아저씨는 그날 사고 이후 부인과 이혼하고 가족과도 헤어졌다. 유원은 이들 가정이 행복해지기를 원하는 마음으로 수현에게 조언하는데, 그녀의 머릿속에서 아저씨는 다른 사람을 위해 기꺼이 자신을 희생하는 '의인'이며 딸을 사랑하는 다정한 가장이다. 그러나 수현의 대답에 의하면 그런 아저씨의 이미지 역시 사람들의 시선에 의해 만들어진 것에 불과하다. 그리고 그것은 아저씨와 가족들의 삶을 더욱 부자연스럽게 만들었다.

『유원』에서 시선은 『보건교사 안은영』의 그것과는 다른 의미를 지닌다. 대상을 있는 그대로 바라보고 인정할 때 그것은 따뜻한 위로가 되지만, 고정관념이 개입된 시선은 그 자체로 타인에게 상처가 될 수 있다. 비록 나쁜 의도를 가지고 있지 않았다고 하더라도 말이다. 이러한 사실을 깨닫게 된 유원은 방송 프로그램 섭외 요청을 거절함으로써 당당히 자신을 불편하게 하는 시선들을 거부할 수 있게 된다. 책의 표사에서 정신과 의사 정혜신은 이렇게 말한다. "치유란 좋은 감정을 갖게 하는 것이 아니라 있는 그대로의 자기감정을 발견하도록 돕는 일이다." 있는 그대로 인정하는 시선, 그저 지켜보는 시선이야말로 우리에게 필요한 것이다.